互联网背景下的建筑企业战略转型研究

RESEARCH ON THE STRATEGIC TRANSFORMATION OF CONSTRUCTION ENTERPRISES UNDER THE BACKGROUND OF INTERNET

项勇　郑佳伟　杨帆◎著

中国经济出版社
CHINA ECONOMIC PUBLISHING HOUSE
北　京

图书在版编目（CIP）数据

互联网背景下的建筑企业战略转型研究 / 项勇，郑佳伟，杨帆著 . -- 北京：中国经济出版社，2021.10（2023. 8 重印）

ISBN 978-7-5136-6663-3

Ⅰ . ①互… Ⅱ . ①项… ②郑… ③杨… Ⅲ . ①建筑企业 - 企业发展 - 研究 - 中国 Ⅳ . ① F426.9

中国版本图书馆 CIP 数据核字（2021）第 202427 号

责任编辑　张利影
责任印制　巢新强
封面设计　久品轩

出版发行　中国经济出版社
印 刷 者　北京建宏印刷有限公司
经 销 者　各地新华书店
开　　本　710mm × 1000mm　1/16
印　　张　14.25
字　　数　200 千字
版　　次　2021 年 10 月第 1 版
印　　次　2023 年 8 月第 2 次
定　　价　78.00 元
广告经营许可证　京西工商广字第 8179 号

中国经济出版社 **网址** www.economyph.com **社址** 北京市东城区安定门外大街 58 号 **邮编** 100011

本版图书如存在印装质量问题，请与本社销售中心联系调换（联系电话：010-57512564）

前言

企业实施战略转型的主要目的是提高经济效益和市场竞争力。在经济全球化趋势下，我国建筑业的投资建设规模只增不减，国内外市场一体化给建筑业带来了勃勃生机，但随着市场环境的变化，大多数建筑企业面临着发展瓶颈、同质化竞争、效率低下等困境。受“互联网+”浪潮的影响，建筑企业逐渐走上互联网化战略转型的道路，试图通过转型实现企业组织重构、能力提升，以此增强在市场中的竞争能力，使企业获得可持续发展。

在“互联网+”背景下，本书以我国建筑企业战略转型为研究对象，探讨了我国建筑企业竞争力现状以及战略转型面临的挑战，分析开展战略转型的动因与目的，在此基础上构建了建筑企业互联网能力指标与战略转型后竞争优势指标，对建筑企业战略转型中的互联网能力进行了测度，并分析了互联网能力与建筑企业战略转型后竞争优势之间的相关关系，其分析结果为：

首先，通过模糊综合评价模型，对某建筑企业互联网能力进行了分析，从评价结果中可以得到该企业投资方互动能力、迭代创新能力、组织学习能力和资源管理能力均处于中等偏上的水平，表明互联网能力指标体系可以较为客观地描述该建筑企业的互联网发展水平。

其次，通过分析系统动力学仿真模型可知，互联网能力和战略转型后的竞争优势随着后期企业转型而逐步增强，并且呈现快速增长的态势。从灵敏度模拟分析中亦可得到，建筑企业战略转型后的竞争优势对投资方互动能力、迭代创新能力、组织学习能力和资源管理能力是敏感的，并且这四种能力都表现出对建筑企业战略转型的积极作用，能够促进战略转型后竞争优势的获得。另外，资源管理能力在敏感图中前期处于低敏感状态，但达到预定水平标准后敏感度呈现逐渐增强的态势，同时，其比组织学习能力对建筑企业战略转型的影响更大，表明资源管理能力是建筑企业战略转型的重要因素。

最后，在样本数据和研究假设条件支持下，将互联网能力和建筑企业战略转型后竞争优势两大量表导入结构方程模型，进行信度效度检验、相关性分析、中介效应分析和结构方程模型检验。结果表明，量表具有良好的信度与效度，从变量相关性分析可知：互联网能力及其四个维度与战略转型后竞争优势及其四个维度的皮尔逊系数均为正，且各相关性系数在0.01水平下显著，变量间均呈显著正相关，其中资源管理能力与战略转型后竞争优势关联性最强，相关系数达到0.787。从中介效应分析可知，当控制变量为互联网能力时，投资方互动能力、迭代创新能力、组织学习能力和资源管理能力分别与战略转型后竞争优势间的相关性降低，其作用路径均不显著，证实互联网能力是结构模型中的唯一完全中介变量。从结构方程模型检验可知，互联网能力各维度与建筑企业战略转型后竞争优势有着显著正向影响关系。

本书在编写过程中，得到了西华大学土木建筑与环境学院向勇书记、舒波院长的大力支持，得到了同行和同事熊伟老师、徐姣姣老师、卢立宇老师、黄佳祯老师、谭璐薇老师、张志盈博士的帮助和建议。在本书编写的具体工作中，郑佳伟同学、杨帆同学、李越同学在调研数据收集、文献资料的归纳和分析、软件信息处理等方面做了大量的基础性工作。另外，我们还汲取了部分学者的研究成果和观点，使本书的内容得到了丰富和完善，在此对这些学者表示衷心的感谢。最后，特别要感谢中国经济出版社的张利影编辑，在本书的选题、立项申报以及出版过程中给予了大量帮助和支持。

目 录

第一章 | 国内外关于建筑企业战略转型的研究现状

自20世纪90年代以来，关于战略转型方面的理论研究不断深入，国内外学者对战略转型的研究内容主要涉及概念和范畴、发展模式、制约因素及对策建议等。本章系统地梳理了与战略转型相关的国内外文献研究成果，并对其进行归纳总结。

第一节 国外关于建筑企业战略转型的研究现状

一、关于战略转型的研究现状

战略转型概念最早由美国管理学家Ansoff（1965）提出，他认为战略转型就是借助各种手段来寻求企业最优发展方向的过程，从而达到既定的目标。Carpenter（2000）认为，企业为了将自身的发展方向与外界环境相匹配而进行战略转型是企业战略转型的动因之一。Stockport（2000）认为，战略转型的内容不仅包括企业在市场、顾客或提供的服务等方面发生的变化，还包括企业内部，如组织结构、管理系统、员工构成上的变化。

Snow 和 Hambrick（1980）针对有效和可靠的组织战略措施，对十个行业中近200个组织的战略行为进行了实证研究，在分析不同的策略测量方法以及对应的优缺点之后，认为战略转型就是组织战略对环境变化做出的反应[1]。

Ginsberg（1988）将战略转型的表现形式分为战略内容的改变和战略制定过程的改变，认为战略转型具有“内容”与“过程”的二维表现形式[2]。Reger等（1992）认为内部组织分工不合理、目标不明确和结构不清晰等多种因素促使企业必须实施战略转型，并且及时做出调整，才能解决经营中存在的问题，以此来维持企业的可持续发展[3]。

Van de Ven等（1995）用生命周期、目的论、辩证法和演化论四种理论作为解释组织变革的基础，认为这四种理论代表事件变化的不同顺序，且事件变化在不同的概念动力驱动下会在不同的组织级别上运行，进而提出四个理论之间在一定的相互作用下产生各种更复杂的变革和发展理论[4]。Rajagopalan和 Spreitzer（1997）从理性、学习和认知三个视角对战略变革相关文献进行了回顾，并讨论了经验模式在理论及方法上的贡献和局限性，认为战略转型随着时间的推移而发生变化，是组织形式和管理状态同环境相匹配的过程[5]。

Michael Hammer（2001）认为，在激烈的市场竞争环境中，企业必须进行全新模式的创新，即企业必须进行选择路径的转型[6]。Kolodko（2003）对转型和转轨进行了对比，进一步论证了转型是一个持续性的过程[7]。

二、关于建筑企业战略转型的研究现状

企业战略转型是指企业未来的发展方向、运营模式、组织结构、资源配置方式等的转变，企业根据所处的外部环境和所具备的内部条件对企业的产品、营销模式以及会计财务等方面进行策略谋划。战略转型对提升竞争力、实现企业价值、寻求新的定位起着决定性作用，其根本目标是要提升核心竞争力。此外，还可以把企业战略转型理解为企业依据实际情况而进行的调整，通常是企业通过对现有发展方向、业务形态、管理模式进行优化变革，以提升企业竞争力。

战略转型的研究内容包括战略转型过程以及战略转型障碍两个方面。国外关于企业战略转型的研究开始得相对较早，相关理论也相对成熟。对于战

略转型过程的研究，Prhaalad 和 Doz（1986）认为企业战略转型是一个非常复杂的过程，需要耐心、重复地历经许多阶段才会有结果[8]。Davini和 Gunther（1994）认为，现代社会正处在一个“超竞争”的时代，企业唯一的应变之道就是及时地进行战略变革[9]。

企业在战略转型过程中面临许多障碍，其中最大的障碍是企业管理层对于转型的认识以及转型方案落地执行未能达成一致。Chowdhury（1995）认为，企业能否取得战略转型的成功，主要取决于企业对资源的整合和利用程度[10]。M. Ralph（2000）认为，企业在遇到竞争激烈、价格下滑和外部环境快速变化时，利益将受到挤压，需要提高转型意识，加快转型步伐[11]。Kolodko（2003）将企业战略转型作为一种实用工具，目的是帮助企业在不确定环境中获得长期生存的能力[7]。

目前，建筑企业的市场覆盖率较低，创造的价值相对较小，因此建筑企业需要摆脱所处的困境，提升综合实力。同时，建筑市场的总体环境发生了较大的变化，工程项目的建造和管理开始向国际型及综合型等方向转变。建筑企业如果要在复杂多变和竞争激烈的市场获得竞争优势，就需要将内外部环境和行业政策作为基础导向，确定其发展战略方向并实现战略转型。

建筑企业内部环境因素是战略转型成功的关键。Ke Jianfeng和Diao Zhaofeng（2016）通过分析企业存在与发展的意义、战略计划的制订与实施、组织结构的设计等内容，认为企业组织设计的合理性在战略目标实现的影响因素中显得尤为重要；同时，市场营销、运营管理、激励机制等对战略目标的实现也有一定的影响力[12]。Lara Werbeloff等（2016）认为，行为者通过采用可直接兼容的策略来获得可持续性服务，参与者需要扩大干预的范围，提供可用于指导战略转型的设计，以及实施的实用指南[13]。因此，建筑企业需要重视其内部因素，将现有的生产和销售系统作为未来具有可持续发展的主要方面，明确如何实现转型，以及转型的行为者和参与者如何采取措施来促进与引导战略转型。

建筑企业外部环境的变化同样会对建设项目产生一定的影响，并作用于建设项目全生命周期，即从项目设计开始到建筑产品生命期的结束。Sreejith Balasubramanian和Vinaya Shukla（2017）从供应链的角度出发，对建筑业进行了全面分析，认为供应链管理与建筑业可以有效结合，而将整个供应链上的利益相关者加入研究体系可以促进绿色建筑业的发展[14]。

随着建筑产业大规模的发展，出现了投资额大、建设周期长的工程项目，使项目的建设管理和运营管理难度增大，这为建筑业的战略转型提供了新的研究角度和思路。

Rebecca Jing Yang等（2018）根据澳大利亚大型建筑项目的实际管理情况，从项目利益相关者管理的视角，对大型项目全过程管理进行了研究[15]。其认为，对于大型项目管理的相关利益者来说，要提升其在项目中的管理地位，需要认识到自身在整个项目中的重要性，从而选择战略转型，让其能在管理中充分发挥优势，降低管理难度。

三、关于互联网在建筑企业战略转型中应用的研究现状

"互联网+"改变了人们的生活和工作模式，同时为企业创新开创了新局面。从2014年开始，在互联网的作用下，战略转型被认为是将企业经营、互联网和大数据连为一体的过程。数据分析和数据挖掘将贯穿企业互联网建设的整个过程，企业的生产、供应以及服务受互联网技术影响，并逐渐走上一条融合道路。

部分发达国家的建筑企业较早地进行互联网应用创新并投入互联网的浪潮中。英国学者Dido根据大型建筑工程项目的具体特点，构建英国国际工程项目的信息管理风险的评估体系与计算模型，为后来的研究者指明了方向。Issa认为建筑企业可以利用各种形式的在线平台来实现与供应商、客户、合作伙伴的信息共享，以此将电子商务与传统建筑业进行一定程度的融合，形成建筑业新模式，从而促进建筑企业战略转型。Hammer和Champy（1993）构建了BPR的原始模型，认为企业应摒弃传统观念，通过对业务流程进行根本性

的变革，实现企业再造，以此适应变化的市场环境，推动企业战略转型[16]。

Henderson和Venkatraman（1993）把IT技术运用到组织转型中，认为企业进行战略转型，需要从资源基础和战略规划这两个方面明确企业战略规划的路径[17]。

Hitt 和 Brynjolfsson（1996）运用统计学相关的计算方法，认为互联网技术的组织结构是一种扁平化的管理形式，要通过对互联网的合理运用，提高企业的生产能力，为消费者创造比较可观的价值[18]。因此，拥有互联网能力可以使决策者在不同的环境做出更好的决策，减少企业战略转型对组织结构产生的影响。

Bharadwaj（2000）将互联网技术分为六类，即合作关系、战略决策、业务流程、资源管理、外部环境和内部基础，将IT能力分为三类，即IT基础设施、IT人力资源和IT无形资产，认为IT能力是一种对资源进行合理规划的体现，把资源与企业所具备的优势相结合，正向地促进企业提升绩效[19]。

King（2002）认为IT能力是软件、硬件、管理实践、共享的服务和管理技能与技术的集合，是企业各方面互联网化的充分体现[20]。Homburg等（2002）提出，将过程管理技术应用于跨企业的后台信息系统的开发，实现资源信息共享[21]。

Pavlou等（2006）对企业战略转型进行一定的组织设定，包括业务规划和营销配合等，认为互联网技术作为整个转型关键环节的支撑，给企业战略转型带来一定的影响，而这些影响对转型具有积极性和创新性作用，能推动企业管理的创新[22]。Feoktistova等（2011）借鉴经济学、计算机科学、心理学和综合管理等学科的理论，将互联网能力资源分为内部能力、外部能力和整合能力。其中，内部能力包括信息基础、信息技术技能、信息开发和信息运作；外部能力包括外部关系管理和市场响应；整合能力包括伙伴关系管理及规划与变革管理，认为互联网能力的资源基础更有利于开展实证研究[23]。

Alex、Enzo和William（2012）认为企业互联网能力是一种能力的集合体，可以利用互联网资源和非互联网资源进行跨地域和跨行业的信息传递[24]。

Yokota和Mitsuhashi（2017）认为互联网技术在企业组织结构变革的应用中受外部动态变化的环境影响[25]。因此，提出互联网技术和组织结构之间存在着一定的共性，可以在同一时间共同变化，而在复杂的环境，组织应该把更多的精力和资源放在互联网建设上，并且充分利用互联网技术来实现一种可视化的柔性生产，以便更好地适应环境变化。

随着互联网技术的不断进步，以及企业对互联网的依赖性增强，互联网技术成为企业战略转型的关键因素，越来越多的企业把互联网技术的应用当作提高其核心竞争力的重要手段，将企业互联网化作为企业战略目标。相关研究结果表明，互联网技术是实现企业战略转型的重要手段，能够提升企业的创新能力和竞争力。

第二节 国内关于建筑企业战略转型的研究现状

习近平总书记在党的十九大报告中强调，政府要完善各类国有资产管理体制，改革国有资本授权经营体制，加快国有经济布局优化、结构调整、战略性重组，促进国有资产保值增值，推动国有资本做强做优做大，有效防止国有资产流失。深化国有企业改革，发展混合所有制经济，培育具有全球竞争力的世界一流企业。这是在新的历史起点，以习近平同志为核心的党中央对国有企业改革作出的重大部署，为新时代国有企业改革指明了方向。

企业战略转型是指企业长期经营方向、运营模式及其相应的组织方式、资源配置方式的整体性转变，是企业重塑竞争优势、提升社会价值、形成新的企业形态的过程。

当企业所面临的环境趋势、行业业态、社会效应等发生重大变化时，或企业发展进入发展瓶颈期时，需根据内部和外部条件进行战略平衡，改变传统的发展模式，推动企业发展战略转型。

随着经济由高速增长阶段转向高质量发展阶段，由重速度向重质量转变，部分企业的运行模式在一定程度上不能适应新时代的社会发展要求，面临的发展环境也会随着市场的激烈竞争而变得更为复杂，外部环境的各种因素会导致企业运行模式的转变。为了提高企业的竞争力，提升社会价值，实现可持续发展，多数企业会在经营方向、运营模式及内部资源配置方式等方面进行整体性的转变，使企业的发展战略能够与外部环境及自身条件相适应。

在经济建设与固定资产投资的快速增长中，建筑业在国民经济发展中发挥着越来越重要的作用，推动着整个经济的发展。因此，建筑企业应从实际出发，把握自身的优劣势，主动适应环境变化，加快推进战略转型。

一、关于竞争优势及竞争战略理论的研究现状

竞争优势及竞争战略理论是美国哈佛商学院教授迈克尔·波特在20世纪80年代首次提出的。竞争优势是指在优势资源、先进的运作模式、更适合市场需求的产品和服务等方面形成优于竞争对手的核心竞争力。

竞争战略理论研究的重点是对产业环境大量的竞争者进行分析。胡列曲（2004）对波特的竞争优势理论进行了评述，波特把竞争优势和竞争战略放在特定的产业结构和产业环境中进行研究，对企业如何参与竞争并获取优势具有指导意义[26]。

在企业构建竞争优势的方面，林晖、胡蝶（2013）研究了互联网时代背景下，传统媒体面临的挑战，指出在与网络媒体竞争的环境中，传统媒体要用准确、专业的“慢报道”确立自己的竞争优势。他们从波特的竞争战略理论中得出：竞争优势归根结底产生于企业为客户创造的价值，或者在提供同等效益时采取相对低的价格，或者其不同寻常的效益用于补偿溢价的有余[27]。孙启贵、范璐（2016）从破坏性创新理论角度阐述了企业的竞争优势及竞争战略，构建了后发企业实施破坏性创新战略的竞争优势理论框架，认为企业应采用先进的技术创新提升自身竞争优势[28]。

二、关于“源创新”理论的研究现状

2012年，斯坦福大学教授谢德荪（Edison Tse）在《源创新》一书中提出源创新理论。“源创新”即从源头上创新，相对于科技创新、产品创新等常见的概念，源创新代表着一种颠覆性的新思维；提倡以“源创新”建立适应于信息时代的“两面市场”生态系统，实现从以“产品”为中心到以“客户”为中心的转变，为客户提供新价值。

根据“源创新”与“流创新”各自的特点，杨明强（2012）认为中国制造企业在面临一系列挑战时，需根据企业自身情况，创建创新体制，实施“源创新”等一系列举措，推进企业战略转型。他在分析我国外向型制造企业所面临的可持续发展问题时，把技术活动或生产活动中的操作程序、方式方法和规则体系的创新称为“流创新”，企业可以通过“流创新”在短时间内获取较高的收益。而“源创新”是一种以客户为核心的创新，旨在满足客户对现实产品的需求、潜在需求和未来需求，形成与企业生产相关的生态系统的创新思维[29]。

黄栋、吴宸雨（2014）结合“源创新”理论分析了我国风电产业发展存在的问题，指出企业可以通过“流创新”在短期快速提高企业竞争力，但“流创新”的竞争力会被一个新的“源创新”快速取代。因此利用“源创新”理论不但能开拓市场，还能根据需求差异推动技术创新[30]。

钟耀广、唐元松（2016）分析了电子商务配送体系内含的矛盾，认为创建一个完整的“源创新”生态系统的关键步骤是提出一个能够为市场主体所认同的新价值理念，然后组建一个能给系统内成员带来价值的市场，并促使其发挥正向网络效应，建立“流创新”与“源创新”相互之间的动态联系，通过加强系统内部循环，从而形成一个完善且强大的生态系统[31]。

如果企业只关注其在原有市场的竞争力，而不寻求新的创新转变，将难以发展。随着时代进步、科技发展及客户需求变化、政策改变等，企业原有的规模将发生巨大的变化甚至被替代，企业发展也将面临严重的问题。在建筑企业面临创新困境的情况下，“源创新”理论将被作为建筑企业战略转型的重要理论进行研究。

三、关于建筑企业战略转型的研究现状

在“十四五”开局之年，建筑施工领域的变革暗流汹涌，过去几年，国家大力推动PPP模式（在公共基础设施领域政府和社会资本合作的一种项目运作模式）并开展对项目规范化模式持续升级、国家财税改革持续深化、监管行业对资质及挂证的清理、全面推动工程全过程咨询和工程总承包、国际一流企业的打造等一系列政策和行动，各类建筑施工企业被迫转型和应对。随着竞争加剧且利润下滑，建筑企业传统粗放式的发展时代已经结束。①“十四五”期间，建筑企业如何在经济转型升级和创新驱动发展的背景下，培育核心竞争力，实现可持续发展，将成为其不得不面对的问题。

从战略转型与企业组织结构转变研究角度，李新春（1998）指出，在市场化改革过程中，企业组织变革过程是政府、各利益集团和市场相互作用的结果。转型初期，国有企业在制度环境变迁背景下，首先完成了企业内部市场化和网络化管理的改造，使组织结构从U形结构转向M形结构，并将部分国有资产分离，与非国有企业合资、合作，建立了一个相互依存的产权利益网络。随着市场化改革的深入，中国企业的战略转型将呈现加速发展的态势[32]。

从新经济角度考察企业战略转型的问题，周三多、周建（2002）认为，新经济的特征主要体现在信息化、知识化、人本化和全球化四个方面，通过战略与环境的相互影响，探讨了传统经济和新经济两种不同的经济形态下企业战略框架的构成，如战略偏好、博弈行为等[33]。

在增值税改革的时代背景下，蒋玉石、倪铃洁（2009）就增值税转型改革的情况，讨论分析了增值税改革对国内建筑企业产生的影响，认为税收政策的改革有利于扩大国内需求，降低企业税收负担，促进企业技术进步及转

① 新形势下政策不断革新，企业该如何稳固发展？[EB/OL]. http://www.yidianzixun.com/article/0NvbDRrY.

型升级[34]。

就传统意义上的建筑企业资金运转效率和管理能力而言，贺代将（2011）指出，建筑企业在高速发展的同时存在着企业效益利润低、资金周转困难、施工效率低下等问题，认为建筑企业应注重科技在生产中主体地位的转变，提高建筑企业生产效益等，推动建筑企业转型成功[35]。

从企业理念的层面来看，曾大林等（2013）从服务型企业的角度，研究我国建筑企业组织变革，指出我国建筑企业的运营管理体制较为落后，企业产值效率较低，管理体系与服务型企业的运营体系不相适应，并成为制约建筑企业发展的重要因素之一。曾大林等提出了建设“服务中心体系”的概念，即形成具有综合性的、以建筑服务为中心的新型建筑企业，并详细论述了该体系的运行机理和实施过程，为我国建筑企业战略转型提供了一种可供参考的思路[36]。

从内外部因素影响企业战略转型的角度，李小玉等（2015）在研究企业战略转型的变化过程中，分别从资源能力、外部因素、管理者特征和动机角度，分析了这些关键要素是如何影响企业战略转型的，尝试构建了战略转型过程研究的基本框架[37]。戚耀元等（2015）研究了技术创新与企业商业模式创新之间的耦合关系，通过构建两者的耦合关系模型，表明技术创新和商业模式创新具有相辅相成的关系[38]。欧阳桃花等（2016）研究能力重塑机制对企业战略转型所产生的影响，认为组织认知凝滞与能力简单复制造成的能力刚性阻碍了企业战略转型，同时指出企业战略转型涉及产品、服务、市场、管理理念等变化，要求企业根据环境开发组织能力，促进企业战略转型[39]。

在融入了绿色建筑的理念后，陆菊春等（2019）构建了建筑企业、政府、消费者三方演化博弈模型，研究建筑企业低碳转型的演化机理，认为建筑由传统建筑向低碳排放的绿色建筑转型是必然的发展趋势，并指出建筑企业应提高自身科技水平，提高低碳生产的效益，增强建筑企业低碳转型的能力[40]。

四、关于互联网在建筑企业战略转型中应用的研究现状

2015年3月5日，在第十二届全国人民代表大会第三次会议上，李克强总理在政府工作报告中首次提出“互联网+”行动计划，旨在推动移动互联网、云计算、大数据、物联网等与现代制造业结合，促进电子商务、工业互联网和互联网金融（ITFIN）健康发展，引导互联网企业拓展国际市场。随着国内互联网的快速发展，互联网已经融入各领域，并发挥着重要的作用。目前，消费互联网市场已趋于稳定，但在传统建筑业上仍有很大的发展空间，预计下一个20年，建筑行业将逐步迈向产业互联网时代。

针对企业信息管理，张曌（2015）在研究企业转型路径的过程中提出了企业信息化管理水平提升的方向为：一是构建高效全面的财务信息化管理系统，以更加有利于企业对战略决策的把控；二是构建产品供应链信息系统，建立以生产成本控制为核心的信息体系[41]。对于建筑企业，建设工程项目涉及业主、设计、施工、监理等多个主体共同参与，在验收阶段或竣工结算等过程中企业之间的财务数据流错综复杂，如建设过程中所需要的大量材料，与之伴随的是庞大的供销网络及数据。通过构建信息化管理系统，加快“互联网+建筑”的转型，对于建筑企业将产生较大的正向影响。陆岷峰、虞鹏飞（2015）指出，大数据分析技术是对运营的数据信息进行收集、分析与整理而采用的一项具有针对性措施的技术[42]。建筑业市场有着较大的地域性差异，通过大数据统计将有效减少这一特性所造成的行业内信息交流互通的阻碍。国内建筑信息化公司广联达于2007年推出清单计价软件GBQ 4.0，其内置的“广材助手”整合了全国各个地区上千万条材料价格信息，并根据时间同步更新。由此可见，建筑企业对于大数据的分析整理同样有着非常高的需求。

针对企业产品及服务优化，王林等（2015）从“互联网+建筑业”的角度，以上海某企业的商业模式为例进行研究，指出当代的创新思维演化不再局限于传统的线性模式和链式结构，而是呈现非线性、多元化、网络化、开放性等特征，并逐渐演变为多元主体下共同互动的创新机制[43]。

在企业管理方面的研究中，马蕾（2016）从管理模式、产品设计、销售模式三个角度进行分析，认为互联网将成为企业管理和运营过程中不可分割的部分[44]。何磊（2016）在研究互联网背景下工程项目管理时指出，工程项目管理是在信息管理的基础上进行的，包括对信息的收集、整理、处理、传递等过程。管理信息化是通过监督检查等控制措施，使项目信息能有效及时得到反馈，从而促进建筑企业管理方式转变[45]。

石蕾（2016）从房地产企业的视角分析了互联网对房地产企业战略转型的影响，指出影响因素的分析是探究企业战略转型背后作用机理的重要内容，同时认为房地产企业战略转型的影响因素主要分为五种：传统产业因素、创新产业因素、外部支持与文化因素、宏观经济与环境因素、企业组织结构因素[46]。

孙岩等（2017）对价值测度体系进行了研究，认为构建企业“互联网+”战略转型价值的测度体系能够扩展和完善现有理论研究，指出互联网为企业带来的价值不只是渠道的拓展，更为整个行业的发展拓宽了空间，以改进传统模式的弊端来适应新的环境[47]。

杨蕾（2017）从应用研究的角度提出建立并完善工程项目资源信息共享平台，实现建筑工程资料的网络共享，不但有利于及时获取工程项目的相关资料，还有助于提高建筑领域信息传递的效率；指出“互联网+”的出现促使建设工程项目技术创新网络体系的有序结构得到更新[48]。孙鸿玲、皮杰（2018）从建筑行业的特性出发，尝试在传统产业模式中融入互联网思维模式，探究建筑业与互联网的融合性，并讨论了工程建设过程中试验、设计、施工、维护四个阶段与“互联网+”的整合性[49]。

基于供应链理论，王磊（2019）结合武汉某工程战略转型情况，提出了构建基于建筑企业供应链的金融模式，目的是把单个企业不可控的风险转化为供应链上下游企业整体可控的风险[50]。目前，国内大力推广装配式建筑的应用，具有良好的发展前景，此方向对建筑企业战略转型是一个良好的契机。同时，“互联网+建筑”的概念在施工过程管理、质量控制、构件采购等方面有着广阔的应用前景，与建筑企业战略转型有着较高的契合度。

第三节　国内外建筑企业战略转型研究述评

一、国外研究述评

自美国管理学家Ansoff提出“战略转型”后，有关战略转型的相关研究理论及其发展一直受到国内外学者的广泛关注。国外对于战略转型的研究起步较早，其研究集中在战略转型的概念、战略转型对企业的作用、影响战略转型因素等方面。有的学者认为战略转型的实质就是“内容”和“过程”之间通过二元转换以寻求最优解；有的学者在不同的外部环境下通过对战略转型进行实证分析，得出影响转型的内外因素；有的学者站在企业的角度，分析战略转型给企业带来的影响以及实现转型后的企业如何在复杂的外部环境寻求自身的竞争优势。而在建筑企业领域，国外学者对战略转型的制约因素进行了研究，认为建筑企业在寻求自身发展时会遇到来自企业内部组织结构调整的障碍，并且建筑市场本身所处的复杂环境也是制约企业成功转型的重要因素之一。

国外学者在讨论战略转型的含义及其与外部环境之间的关系时，对不同外部环境下战略转型进行了分析。Van de Ven（1995）解释了组织变革的过程，即战略转型过程，认为不同组织的不同驱动力作用会使组织发生更复杂的变革；Rajagopalan 和 Spreitzer（1997）则认为战略转型实质就是企业组织形式和管理模式随着时间推移和环境变化而形成的动态匹配过程；Michael Hammer（2001）在战略转型和外部环境的关系方面提出在激烈的竞争环境和不同的变化模式下，企业需要寻求模式创新才能够形成自身的竞争优势；M. Ralph则认为企业通过战略转型可以在多变的外部环境、内部结构调整下提升企业的竞争力，并且提出战略转型最重要的就是转变内部经营模式，以应对复杂多变的外部环境。但总体上较少有文献对战略转型所处的外部条件进行分析。因此，在对互联网环境建筑企业战略转型的研究中，本书首先对当前互联网背景进行分析，为相关研究内容提供支撑。

国外研究从IT、互联网技术两个角度分析了它们对战略转型的作用及它们与战略转型间的相互关系。早期研究集中在互联网技术在战略转型中的运用上，主要是基于IT（信息技术）在组织转型中的运用问题，Venkatraman（1993）首次将IT运用于组织转型路径研究，认为IT已经成为转型过程中的关键环节，对推动转型具有积极、创新性的作用；Hitt 和Brynjolfsson（1996）则运用统计学方法对IT客群的组织结构进行分析，认为合理运用IT技术能做出更好的决策，可以减少企业战略转型对其结构的影响；Bharadwaj（2000）还将互联网能力归结为IT技术、IT人力、IT关系三类，对这三种能力的合理规划可以使互联网技术更好地运用于企业战略转型；Pavlou（2006）认为，在企业的绩效关系上互联网技术能力表现不同的影响机制，为企业战略转型提供决策依据。对于互联网与战略转型的关系研究，较多停留在IT与战略转型的关系研究层面，但实质上IT作为互联网基础而存在，不能将互联网等同于IT，互联网还包括企业中人的相关因素。因此，研究互联网与企业战略转型的问题应系统化，可借助系统动力学的方法来解释两者之间的关系。

二、国内研究述评

国内对于战略转型的研究起步相对较晚，较多学者从战略转型的实质、竞争优势和竞争战略理论出发，分析可持续性的竞争优势可以让企业在复杂的外部环境中更具竞争力且对环境的适应能力更强；有的学者认为“源创新”理论对实现战略转型起到推动作用，通过“源创新”，改变企业既有条件，实现战略转型，对企业的发展起到至关重要的作用；有的学者对建筑企业战略转型进行了大量研究，认为市场经济条件下企业趋于网络化，随着市场的变化，相应地，建筑企业组织结构也会发生变化。另外，在新的经营模式下，建筑企业面临与政府、消费者等各方之间的博弈，促使建筑企业战略转型。

近年来，随着互联网在各行业的广泛应用，对互联网技术在企业战略转型中的应用研究不断深入，国内部分学者将互联网技术与企业转型相结合进行研究，发现互联网环境下企业转型具备更多优势，拥有全面互联网能力的企业可以加速实现战略转型，促进企业高质量发展。在建筑企业领域，涉及互联网背景的国内外研究则相对较少，且部分学者对其领域的研究还停留在传统互联网技术在建筑领域的运用层面。“互联网+”背景下，建筑企业要实现高质量发展，转型升级势在必行。

总体上，国内学者在战略转型概念及内涵、战略转型的因素、建筑企业战略转型、互联网技术在企业战略转型中的应用等方面取得了丰富的研究成果，但对互联网在建筑企业战略转型中的应用等方面的研究还存在较大发展空间。

通过对近年来的文献资料分析可知，缺少对“互联网+”的建筑企业转型的本质分析。多数文献停留在建筑企业不进行转型则会受到发展制约的研究层面，但对推动建筑企业战略转型的内外动因并没有进行深入的分析，也缺少实施“互联网+”战略转型后建筑企业如何在外部环境获得更有优势的竞争能力的研究。部分学者提出了建筑企业供应链理论，并结合互联网思维推动企业构建新的有序结构，以实现“互联网+”的建筑企业战略转型，此方面的研究还需要通过大量的实证分析加以深化。

通过对近几年的文献资料分析可知，对建筑企业战略转型的作用机理方面较少通过互联网能力的测度体系来分析，即对互联网和建筑企业战略转型的关系研究还停留在理论阶段，并未通过实证分析得出较有参考价值的研究结论。此前对于信息技术能力测度指标体系的相关研究内容相对较多，学者也多从资源基础理论来进行研究，形成了较为丰富的研究成果，对应的研究方法相对也比较成熟，但还未对建筑企业在互联网环境进行战略转型时如何获得竞争优势的能力进行合理的解释。因此，要对互联网能力内涵进行分析，以此解释建筑企业在互联网背景下战略转型时所获能力的主要内容，而不是直接引用信息技术能力的现有概念。

参考文献

[1] CHARLES C. SNOW，DONALD C. HAMBRICK. Measuring organizational strategies：some theoretical and methodological problems [J]. Academy of management review，1980，5（4）：527–538.

[2] GINSBERG.Measuring and modeling changes in strategy theoretical foundation and empirical direction [J]. Strategy management journal，1988（9）：559–575.

[3] REGER，et al. Deregulation，strategic choice，risk and financial performance [J]. Strategic management journal，1992（13）：189–204.

[4] VAN DE VEN A. H. POOLE.M. S.Explaining development and change in organizations[J]. Academy of management review，1995（20）：510–540.

[5] RAJAGOPALAN，SPREITZER. Toward a theory of strategic change：a multi–lens perspective and integrative framework [J]. The academy of management journal，1997.

[6] MICHAEL HAMMER. Pathways of system transformation：strategic agency to support regime change[J] . Environmental science and policy，2001（66）：85–96.

[7] KOLODKO. Transformation of structure–shy programs with application to XPath queries and strategic functions[J] . Science of computer programming，2003，76（6）：65–72.

[8] PRHAALAD，DOZ. Organizational transformation and strategic learning in high risk，high complexity environments[J] . Technovation，1986，19（2）：38–46.

[9] DAVINI，R.，GUNTHER，R.Hyper–competition：Managing the dynamics of strategic maneuvering[M]. New York：The Free Press，1994.

[10] CHOWDHURY. A Strategic approach to the transformation of Czech highway administration[J] . Transactions on transport sciences, 1995, 5 (2): 18–26.

[11] M. RALPH, Developing skills in strategic transformation[J]. European journal of innovation management, 2000, 3 (1): 55–61.

[12] KE JIANFENG, DIAO ZHAOFENG. Strategy discussion of Chinese auto industry via innovative theory of source[J]. International journal of u– and e– service, science and technology, 2016, 5 (9): 271–278.

[13] LARA WERBELOFF, REBEKAH R. BROWN, DERK LOORBACH. Pathways of system transformation: Strategic agency to support regime change [J]. Environmental science & policy, 2016 (66): 119–128.

[14] SREEJITH BALASUBRAMANIAN, VINAYA SHUKLA. Green supply chain management: an empirical investigation on the construction sector[J]. International journal of supply chain management, 2017, 22 (1): 58–81.

[15] REBECCA JING YANG, SAJANI JAYASURIYA, CHATHURI GUNARATHNA, et al. The evolution of stakeholder management practices in Australian mega construction projects[J].Engineering construction & architectural management, 2018, 25 (6): 690–706.

[16] HAMMER M., CHAMPY J. Reengineering the corporation: a manifesto for business revolution [M]. London: Nicholas Brearly Publishing, 1993.

[17] HENDERSON J. C. , N. VENKATRAMAN. Strategic alignment: leveraging information technology for transforming organizations[J]. IBM systems journal, 1993, 32 (1): 4–16.

[18] HITT L., BRYNJOLFSSON E.Productivity, business profitability and consumer surplus: three different measures of information technology value[J]. MIS quarterly, 1996, 20 (2): 121–142.

[19] BHARADWAJ A. S. A resource–based perspective on information

technology capability and firm performance: an empirical investigation[J]. MIS quarterly, 2000, 24（1）: 169–196.

[20] KING. Research commentary: the organizing logic for an enterprise's IT activities in the digital era—a prognosis of practice and a call for research[J]. Information systems research, 2002, 11（2）: 105–114.

[21] HOMBURG C., HOYER W.D., FASSNACHT M., Service orientation of a retailer's business strategy: dimensions, antecedents and performance outcomes[J]. Journal of marketing, 2002, 66（4）: 86–101.

[22] P. A. PAVLOU, O. E.L. SAWY. From IT competence to competitive advantage in turbulent[J]. Information systems research, 2006, 17（3）: 198–227.

[23] V. FEOKTISTOVA, A. MATVEEV, E. LEFEBER, J.E. ROODA. On optimal switching interactive decentralized control of networked manufacturing systems[J]. World congress, 2011, 44（1）: 14048–14054.

[24] ALEX, ENZO, WILLIAM. Revisiting media choice: a behavioral decision-making perspective [J]. International journal of e-collaboration, 2012, 8（3）: 19–35.

[25] YOKOTA R, MITSUHASHI H. Attributive change in top management teams as a driver of strategic change[J]. Asia pacific journal of management, 2017, 25（2）: 297–315.

[26] 胡列曲.波特的竞争优势理论述评[J]. 经济问题探索，2004（12）：21–23，137.

[27] 林晖，胡蝶. "慢报道"：互联网时代传统媒体的竞争优势[J]. 新闻大学，2013（2）：48–54.

[28] 孙启贵，范璐.基于破坏性创新的后发企业竞争优势：以小米公司为例[J]. 科技管理研究，2016，36（4）：1–6.

[29] 杨明强.后危机时代中国外向型制造业存在的问题和发展对策[J]. 孝感学院学报，2012，32（4）：60–65.

[30] 黄栋，吴宸雨.我国风电发展的障碍与对策：基于“源创新”理论的分析[J]. 科技管理研究，2014，34（13）：11–15.

[31] 钟耀广，唐元松.基于“源创新”理论的电子商务共同配送体系创新[J]. 贵州社会科学，2016（1）：136–142.

[32] 李新春.企业战略网络的生成发展与市场转型[J]. 经济研究，1998（4）：71–79.

[33] 周三多，周建.新经济的时代特征与企业战略范式的转型[J]. 南开管理评论，2002（1）：29–32.

[34] 蒋玉石，倪铃洁.增值税转型下建筑企业的税收筹划[J]. 会计之友（中旬刊），2009（11）：101–102.

[35] 贺代将.国有大型建筑企业转型发展的思考[J]. 会计之友，2011（5）：4–6.

[36] 曾大林，陈建国，徐友全. 基于服务型企业发展的我国大型建筑企业组织变革研究[J]. 山东社会科学，2013（6）：178–182.

[37] 李小玉，薛有志，牛建波.企业战略转型研究述评与基本框架构建[J]. 外国经济与管理，2015，37（12）：3–15.

[38] 戚耀元，戴淑芬，葛泽慧. 基于技术创新与商业模式创新耦合关系的企业创新驱动研究[J]. 科技进步与对策，2015，32（21）：89–93.

[39] 欧阳桃花，曾德麟，崔争艳，等.基于能力重塑的互联网企业战略转型研究：百度案例[J]. 管理学报，2016，13（12）：1745–1755.

[40] 陆菊春，欧阳寒旭，韩璐.多主体互动博弈下建筑企业低碳转型的演化机理[J]. 北京理工大学学报（社会科学版），2019，21（1）：17–26.

[41] 张曌.互联网背景下广东省制造业转型升级路径研究[D]. 广州：广东财经大学，2015.

[42] 陆岷峰，虞鹏飞.互联网金融背景下商业银行“大数据”战略研究：基于互联网金融在商业银行转型升级中的运用[J]. 经济与管理，2015，29（3）：31–38.

[43] 王林，杨坚争，尹诗."互联网+建筑业"商业模式研究：基于上海筑想科技的案例分析[J]. 当代经济管理，2015，37（10）：74–81.

[44] 马蕾."互联网+"时代下的传统企业战略转型研究[J]. 湖北社会科学，2016（8）：88–90.

[45] 何磊.互联网背景下项目成本管理优化路径研究[D]. 成都：西南财经大学，2016.

[46] 石蕾.互联网驱动下房地产企业战略转型关键因素研究[D]. 天津：天津大学，2016.

[47] 孙岩，聂媛媛，暴榕淋，等."互联网+"战略转型对企业价值的影响研究：以九安医疗为例[J]. 管理案例研究与评论，2017，10（5）：467–477.

[48] 杨蕾.建设施工项目技术创新活动中"互联网+"的作用机理研究[D]. 哈尔滨：哈尔滨工业大学，2017.

[49] 孙鸿玲，皮杰."互联网+"——建筑产业转型升级的核心引擎[J]. 科技促进发展，2018，14（7）：599–606.

[50] 王磊.新时代背景下我国民营建筑企业战略转型研究[D]. 武汉：华中师范大学，2019.

第二章 | 建筑企业战略转型的理论基础

第一节 竞争战略与竞争优势理论

一、竞争战略理论的提出及类型

（一）竞争战略理论的提出

企业战略是指企业面对变化的环境，结合自身资源和实力，选择适合自身发展的方向，并通过差异化策略在众多竞争者中脱颖而出。而竞争战略仅是企业战略体系的一部分。

20世纪80年代，哈佛大学商学院教授波特提出竞争战略。许多企业以此为理论指导，为了占领市场，采取了对抗性的方式来建立自己的竞争优势。但此方式并未使企业得到良好的发展，大多数企业反而出现亏损，甚至有许多企业在竞争中被迫退出市场。

竞争战略是在企业总体战略制约下，确定顾客需求、竞争者产品及本企业产品这三者之间的关系的行动和计划，目的是奠定和维持本企业在市场中的特定地位。无论企业是从生产成本或性价比出发，还是根据波特思维去改善产品的差异性，都需重视企业的优势整合，从产品和市场两个方面提高企业竞争力。目前，随着经济全球化的不断发展，大部分中小型企业亟须从经济全球化中获得战略优势，以此应对瞬息万变的竞争环境。波特认为，应当从企业、消费者、竞争对手间的关系去构建竞争战略，因此需要企业将产品的供需变化尽可能地维持在一个动态可控的平衡之中，才能使其稳定地发展[1]。

（二）竞争战略理论的类型

波特将竞争战略分为“五力模型”、三大战略、价值链、钻石理论模型、产业集群五个部分。

1.“五力模型”

在《竞争战略》一书中，波特深入探究了影响企业竞争的诸多因素，通过分析市场各类主体的关系网络，提出了“五力模型”。在确定企业未来发展战略之前，企业高层应当结合行业大数据来制定提高产品竞争力的竞争法则。根据“五力模型”，应当从供应商的议价能力、买方的议价能力、潜在进入者的威胁、替代品的威胁、同行业竞争者的竞争程度五个方面对竞争关系进行分析，五力模型如图2-1所示。

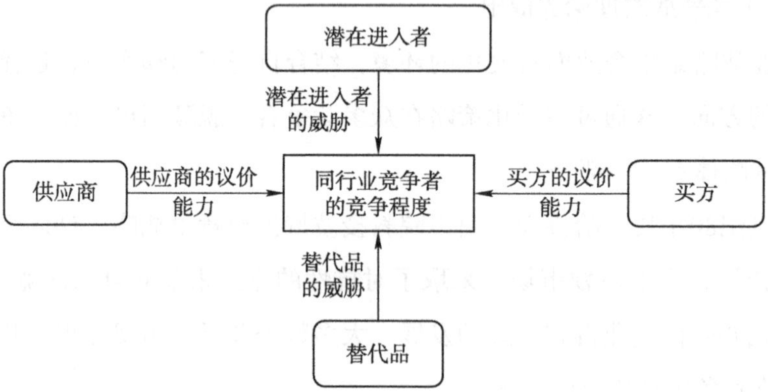

图 2-1　五力模型

（1）供应商的议价能力

供应商对企业竞争力的影响主要表现在企业生产成本及质量两个方面，物资、设备、服务等生产要素的供应价格提高会增加企业的生产成本，产品质量降低会导致企业竞争力下降。供应商对企业竞争力产生的影响强度取决于该生产要素对于企业的重要程度，如果该生产要素对于企业产品很关键，甚至难以找到替代的供应商，或者对于产品的质量影响较大，此时供应商在谈判中就具有话语权，将不利于企业的市场竞争。

（2）买方的议价能力

买方通常会寻求更低的产品价格，或者要求以同等价格获得更多产品及服务，对企业产品生产和销售产生影响。当购买者较多而提供同类产品的企业较少时，形成卖方市场，企业可以从中获取更多利润，占据主动权并拥有较强的竞争优势；当企业较多而购买者较少时，企业为了维持在市场中的竞争力，需要合理调整竞争战略，降低企业的盈利水平，此时企业的竞争环境处于不利状态。

（3）潜在进入者的威胁

潜在进入者对市场已有企业的盈利能力、资源供应等方面造成挤压，影响已有企业的竞争力。潜在进入者对已有企业的影响程度主要是通过行业的准入难度和现有企业对潜在进入者采取的态度两方面予以体现的。

（4）替代品的威胁

替代品的出现会降低现有企业的盈利能力，因为顾客可能会选择更便于接受的替代品而降低对原产品的依赖程度。替代品对现有企业在竞争上的影响主要取决于替代品的价格及产品质量。替代品的性价比越高，对现有企业造成的竞争压力将会越大。为此，企业应当采取提高产品质量、降低产品价格，或者提供差异化的产品的策略来维持既有的竞争力，否则企业的竞争优势将会被削弱。

（5）同行业竞争者的竞争程度

行业内的各企业之间必然存在着利益的竞争，企业经营的主要目的是在市场谋求利益最大化，并在同一行业内部形成自身竞争优势。同一行业内部企业之间的竞争方式主要包括相同或者类似产品的定价、质量、推广程度、售后及服务的提供等方面，竞争强度是由多种因素共同决定的。

2. 三大战略

波特认为，企业盈利的影响因素众多，无论是来自市场对手的竞争，还是来自供需双方形成的压力，企业都需要在其中保持平衡，制定合理的发展战略以维持成本相对优势和产品相对差异化。从成本和产品两个角度，波特提出了维持竞争优势的三大战略：总成本领先战略、差异化战略和专一化战略。

（1）总成本领先战略

总成本领先战略是指企业利用自身优势，降低企业运营成本，从而以较竞争对手更低的价格来赢得市场。因此，企业需要在产品质量及成本管理上高度重视，建立高效率的生产线，在保证质量的同时严格控制相关成本费用，提高产品竞争力。

企业一般会在多个领域为相关产业部门提供对应服务，具有跨度大、范围广等特点。同时，企业的经营质量对成本优势的影响因素较多，如规模经济、技术优势、资源优势等。企业在寻求降低生产成本的路径时，就必须寻找和探索成本优势的来源，包括先进生产技术、生产设备、先进管理手段等。

成本控制应围绕企业的竞争优势展开，如严格控制生产过程中的资源浪费，在一定程度上能节约生产成本；低的生产成本意味着企业较竞争者能够承受更低的商品定价，消费者能以低的价格获得商品，增加企业的市场份额，从而拥有市场竞争优势。在企业运营管理上，员工的综合素质、专业技能、管理能力以及对市场的把握等都与成本管控密切相关。企业运营的一系列生产活动需要调动全员，充分发挥员工在成本控制方面的主观能动性，在生产运营中应让全员都树立成本意识及整体意识。

（2）差异化战略

差异化战略是指企业在竞争中为了突出自己的特色，提高产品的个性化，为顾客提供定制化的服务体验，或者树立特有的企业外部形象而形成的战略，以此凸显自己在行业中或者在产品上所特有的竞争优势。

差异化战略的类型主要有：产品差异化、服务差异化和人事差异化。产品差异化主要体现在企业的产品类别、功能、质量等方面，是企业向市场消费者提供与竞争对手不同的产品所采取的战略。服务差异化是指企业在提供服务时，采取与竞争对手不同的战略，为顾客提供更新颖的服务内容来突出自己的特征，获得比竞争对手更高的顾客选择度。人事差异化主要是指通过聘用和培训比竞争者更优秀的人员来获取一定的差别优势。

差异化战略并不适用于所有企业，企业维持竞争优势主要取决于产品的差异成本、同行业竞争对手的策略、市场中消费者的需求等因素。如果企业为了寻求差异而投入大量的资源，会导致成本的上升，若产品或服务的差异并不能很好地体现，消费者可能会选择性价比更高的产品。此外，随着生产技术的不断成熟，竞争对手会生产同样或者类似的产品。因此，差异化战略的实施需要企业结合自身及市场的情况综合考虑。

（3）专一化战略

专一化战略是指主攻某个特殊的顾客群、某产品线的一个细分区段或某一地区市场。与前两种战略相比，总成本领先战略和差异化战略所面向的是企业经营范围的所有目标市场，而专一化战略是以市场特定的消费群体或者是以特定的产品为目标引导企业的生产和运营管理，使之为特定群体或特定区域提供更好的产品及服务。

专一化战略通常根据地理位置、时间、消费群体的情况来确定经营范围，例如，为了提高销售业绩，一般把商场设置在人流量较大的区域。如果竞争对手过于强大，或者企业的发展空间有限，采取专一化战略会提高企业在行业的竞争优势。

但是，采取专一化竞争战略限定了消费群体和消费区域，会在提供专业服务和失去部分市场两者间产生矛盾。此外，进行专一化战略的企业通常依靠特定的市场生存发展，如果市场环境发生变化，顾客的需求降低，企业将面临失去仅有的市场份额的风险。

3. 价值链

竞争战略的提出将企业生产经营理念推向了一个新的阶段，为企业管理与战略发展领域提供了更为先进的思想。在《竞争战略》一书中，波特创造性地将竞争战略的制定与实施有机结合，认为竞争优势是企业发展战略的关键，而战略制定的最终目的是赢得竞争优势。企业主要通过产品设计、生产过程、营销手段等路径获取竞争优势。

寻求和维持企业竞争优势是企业制定竞争战略的主要目的，需要采用科学的方法分析获取竞争优势的途径，以此规范企业活动。为此，波特提出了“价值链”的概念帮助企业获取竞争优势。

波特将价值链定义为从原材料的选取到最终产品送到消费者手中的一系列价值创造的过程。价值链是依据企业经营活动间的逻辑关系分析其中的价值传递过程，以此进行竞争优势来源的分析。虽然生产过程由独立的环节构成，但是在价值传递上它们具有明确的逻辑联系，企业应从自身的组织结构及价值链构成出发，构建与外部贸易渠道有价值联系的逻辑关系，再以此协调自身的发展战略。

通过对具有战略意义的价值环节进行分析，“价值链”理论能够有效地识别企业竞争优势的来源，在关键环节抢占先机，为企业竞争优势的建立奠定基础。对于企业来说，无论是在企业内部的生产活动之间，还是与企业生产相关联的其他产业之间，同样都存在着价值关系。每一项生产活动创造的价值，都直接影响企业的整个价值链运行，进而对企业竞争力产生影响。根据价值链理论，波特认为，消费者对产品价值的认识在于产品生产过程中物质与技术的价值。因此，企业产品的竞争行为其实是企业多个生产环节的竞争，而不是某一过程的竞争行为。

4. 钻石理论模型

波特在《国家竞争优势》一书中将企业竞争的影响上升到了国家层面，在“五力模型”的基础上提出了“钻石理论模型”，并且认为，决定一个国家某种产业竞争力的因素有以下四个：生产要素，国内需求市场，相关及支持产业，企业战略、结构和同行业竞争的表现。这四个要素具有双向作用，形成的钻石体系如图2–2所示。

波特认为，除四大要素之外还存在政府与机会两大变数。其中，机会随时存在，并且无法人为控制其对产业竞争发展的影响；同时，政府的影响也是重要的因素。

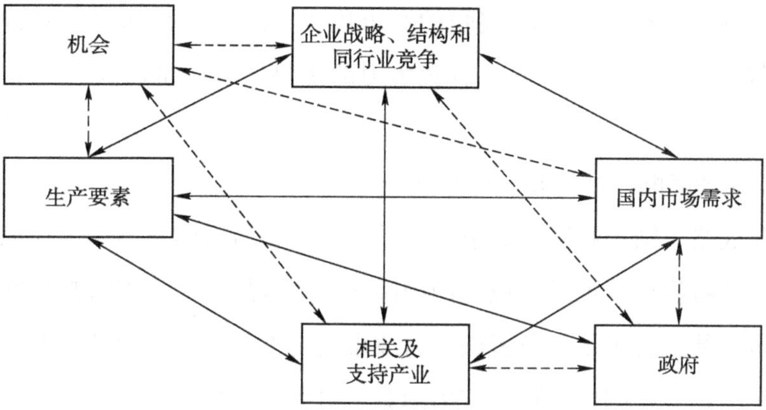

图 2-2 钻石体系

（1）生产要素

生产要素可以分为初级生产要素和高级生产要素。其中，初级生产要素是指自然资源、地理位置、气候、非技术工人、资金等；高级生产要素是指现代通信、信息交通等基础设施、从事技术生产的高级专业人才等。波特认为在企业竞争优势构成中，随着竞争的不断加剧，初级生产要素重要程度逐渐降低，而高级生产要素对获得竞争优势具有重要作用，但是其获取难度更大，需要企业在人力和资本上持续投入。

（2）国内市场需求

由于我国多数建筑企业的经营市场大部分在国内，相对于国际市场，企业从国内获取客户需求数据的能力远高于国外。虽然经济贸易逐渐趋于全球化，但是国内市场需求对企业发展的推动作用持续增强，满足国内市场消费者的需求仍是关键因素。如果国内需求市场的消费者对产品及服务品质有着较高的要求，那么企业在促进产品质量提升的同时，面向国际市场竞争也形成了一定的优势。

（3）相关及支持产业

在国际市场具有影响力的相关优势产业能够相互聚集，形成“产业集群”现象。例如，德国印刷机雄霸全球，占领了绝大多数的印刷机消费市场，这与造纸业、油墨业、机械制造业强势发展有关；美国、德国、日本的汽车工业在全球范围具有很强的竞争优势，这离不开其国内的钢铁、机械加工等行业的支持。因此，有竞争力的优势产业会带动关联产业竞争力的发展。

（4）企业战略、结构和同行业竞争

企业战略、结构和同业竞争指的是国际市场需求的拉力与国内竞争对手的推力。波特指出，推进企业走向国际化，竞争的动力可能来自国际需求的拉力，也可能来自本地竞争者的压力或市场的推力。创造保持产业竞争优势的最大关联因素是国内市场强有力的竞争对手。波特认为最佳的国内市场状态是有2~3家企业独大，用规模经济和外商抗衡，并促进内部运作的效率化。波特还指出，在其研究的10个国家中，强有力的国内竞争对手普遍存在于具有国际竞争力的产业。在国际竞争中，成功的产业必然先经过国内市场的搏斗，迫使其进行改进和创新，海外市场则是企业竞争力的延伸。

（5）机会

机会可以直接影响生产要素、国内需求市场、相关及支持产业和企业战略结构四个要素发生变化，并使新的竞争者建立优势，同时可能使原有的竞争者失去优势，例如新技术的发明与应用必然使采用传统生产技术的企业处于竞争劣势的状态。

（6）政府

政府在钻石理论体系中扮演着调控者的角色，为企业创造新的机会，以此维护和改善产业发展的外部环境。

5. 产业集群

产业集群是指某一行业内的竞争企业以及关联产业、供应商、技术服务提供机构等形成空间上的聚集，是工业化进程中的普遍现象，许多产业集群还延伸至销售渠道、顾客、辅助产品制造商。产业集群能够为辐射空间范围的企业提供良好的发展环境，其范围内的企业之间存在相互学习的行为，在竞争压力的驱使下推动企业创新，促进区域性经济协调发展。

二、竞争优势理论

（一）竞争优势理论的理解

竞争是一种综合实力，竞争优势只是一系列独特优势所表现的结果。例如，具有强大的创新能力的公司其产品研发速度会更快；具有独特魅力品牌的公司可以吸引更多的客户，更容易打开市场[2]。因此，竞争优势是拥有与其他竞争对手不同的独特特色，并通过企业间的竞争活动得以充分体现。

竞争优势可以在一定的时间段保持相对的稳定性，但是企业的转型所需要的时间可能更长。在相对稳定的环境下，保持竞争优势的企业在市场尽力创造一种平衡状态，让其他企业也存在生存发展空间，此时的竞争整体状态是平和稳定的。

但在过度竞争的环境下难以保持这种平衡。成功的企业需要采取适当的竞争战略来获得持续性优势，与此同时打破市场平衡，形成新的竞争态势。企业转型与发展的成功取决于其从一种优势迅速转变为另一种优势的能力。加剧的竞争性环境迫使其他企业要么接受竞争，要么被竞争淘汰。因此，要实现和保持竞争优势，需要企业的不懈努力。

（二）互联网环境下建筑企业竞争优势的类别

竞争优势主要来自四个方面：不同维度的成本（成本优势）、企业拥有的专业知识及技术支持（技术优势）、企业自身价值及市场影响力（价值优势）、借助更多的资源或更大的投入在市场挤压竞争对手（资源优势）。以下结合建筑企业战略转型的实际情况简述上述四种竞争优势。

1. 成本优势

建筑企业战略转型过程中，互联网对企业成本优势造成的影响可以从创新成本、生产成本、管理成本、信息成本四个角度进行分析。

1）创新成本。在企业获取新的竞争优势过程中，创新作为重要元素发挥着关键的作用。对企业创新投入以及创新成本的优化研究，将作为竞争优势研究的主要方向。

2）生产成本。生产成本是考察企业盈利能力的基本指标，建筑企业在进行战略转型的同时，应利用互联网技术最大限度地提升生产成本的管控能力。

3）管理成本。与生产成本类似，管理成本是企业基本运维的成本之一。企业良好的管理能力会提高其效率，进而降低其管理成本，是支撑企业实现良好运作的关键因素之一。互联网环境要求建筑企业利用互联网技术及思维，转变管理理念，实现企业优化运维管理。

4）信息成本。建筑企业通过对互联网技术的应用，对信息的把控能力得到提升，如获得信息的能力、信息传递的效率与可信度的提高等。利用互联网可以实现建筑产品生产过程中对信息传递的高效管理。

2. 技术优势

在战略转型过程中，互联网对建筑企业技术优势造成的影响体现在信息响应速度、创新效率、产品品质、设备优势、工艺技术优势五个方面。

1）信息响应速度。信息响应速度是指建筑企业利用互联网技术实现企业部门之间、企业间、企业与市场之间的快速信息反馈。互联网为个体及组织之间的高效沟通创造了条件，但对企业的信息响应速度将会有更高的要求。

2）创新效率。创新效率主要是指企业的科研效率。建筑企业对于科研创新的重视程度普遍偏低，激烈的市场竞争要求建筑企业转变思路，利用互联网技术实现生产创新、管理创新，以提高企业竞争水平。

3）产品品质。产品品质主要是指建筑企业劳动产出的建筑产品、提供的服务等有形及无形的价值产品的质量。利用互联网提升企业自身产品的质量，从而获得竞争优势。

4）设备优势。自动化程度低是建筑企业当前生产过程中亟待解决的问题，互联网技术的应用使得建筑企业生产设备的自动化程度和利用率逐渐提高，进而提高生产效率，以此来获得竞争优势。

5）工艺技术优势。工艺技术优势是指建筑企业利用新的工艺技术提供更优质的建筑产品。依托互联网技术，促进企业内部资源及管理模式的变化，提高企业组织学习及资源管理等能力，使企业快速掌握新的工艺技术。

3. 价值优势

建筑企业在战略转型过程中，互联网对企业价值优势产生的影响表现在价值链、市场占有率、投资回报率、企业利润、企业社会知名度五个方面。

1）价值链。价值链是企业从事生产、销售等活动的集合体，是构成企业价值创造的动态过程。互联网技术应用是针对整个价值链统筹安排，旨在提高企业生产价值的过程。

2）市场占有率。影响建筑企业市场占有率的因素有很多，在互联网环境的影响下，传统建筑企业需要转变市场发展思路，通过利用互联网优化产品内容，提升企业市场占有率。

3）投资回报率。投资回报率是指企业通过投资反馈获取的价值，即企业从一项投资活动中所得到的利润回报。建筑产品具有较长的投资回收期，企业投资回报率较低。利用互联网技术可以通过优化企业生产流程，提高投资回报的反馈速度，进而提高企业对投资的控制能力。

4）企业利润。传统模式下建筑企业的利润获取形式较为单一，主要是由于企业提供的产品或服务类别单一。互联网技术为建筑企业探索新的获利方式提供了便捷的途径，帮助企业拓展发展空间，从而提高企业经营利润。

5）企业社会知名度。企业口碑是通过提供优质的建筑产品服务而形成的，结合电子商务中的O2O模式，通过提高建筑产品供需双方的互动能力、创新水平和服务水平等方式提升企业社会知名度。

4. 资源优势

建筑企业在战略转型过程中，互联网对企业资源优势产生的影响可表现在资源认知度、资源利用率、资源稳定性、资源管理四个方面。

1）资源认知度。随着信息技术的发展、企业之间竞争的加剧，虚拟组织、战略联盟、网络化组织等大量新型企业战略方式的出现，导致企业综合管理日益复杂。越来越多的战略要素被纳入企业资源管理的范畴。企业对资源要素认知的提升，是互联网化的重要结果，同时说明企业资源管理需要互联网元素的介入。

2）资源利用率。并不是所有的资源都具有同样高的战略价值，而企业参与市场竞争时所掌握的资源是否有足够突出的价值，或者说企业能否提升价值资源的利用效率，是研究企业资源优势的一个方向。

3）资源稳定性。企业是资源的集合体，所谓资源的稳定性，是指企业资源的价值性、稀缺性、难以模仿性和发展性。在互联网时代的大背景下，资源优势具有迭代更新快的特点，企业是否具有持续性的资源优势，是确定互联网环境下企业资源优势的重要指标。

4）资源管理。管理能力对维持企业资源优势具有重要的作用，可从企业运维成本、流程、服务等角度评价企业的经营能力，进而论证企业运维的管理能力[3]。通过互联网技术解决企业管理优化的问题，是处理企业资源多线程管理的主要手段。

第二节　源创新理论

一、源创新理论概述

熊彼特认为，创新意味着“建立一种新的生产函数”，即将一种具有创新思想的生产要素和生产条件的“新组合”引入生产体系，实现生产创新。其中，创新思想是指“对生产要素和生产条件的新组合”。在熊彼特对创新理论的描述中，进一步明确地指出“创新”可以表现为五种形式，分别为新产品、新方法、新市场、新源头和新组织。其中，新产品为一种不被熟知的产品或特性；新方法为尚未通过检验以及实施的新方式；新市场为大众普遍还未接触的消费市场；新源头指的是获取或控制一种原材料或半成品的新供应来源；新组织是指一种能为企业创造利润的新兴集体。五种形式分别依次对应产品创新、技术创新、市场创新、资源配置创新和组织创新。很多学者在此基础上把创新系统、企业组织以及内外环境之间的互动关系和作用机理作为研究对象，形成了产业创新理论、技术创新理论、知识创新理论等不同类型的创新理论分支。

斯坦福大学教授、企业创新转型策划大师谢德荪（Edison Tse）对“创新”做了进一步的划分，把“创新”分为科学创新和商业创新。科学创新是指有关自然规律的新发现，这是一种“始创新”，即很多人提及的“自主创新”。这种创新往往能带来新的思路、提供新的可能性。商业创新是以科学创新理论为基础而衍生的一种创新行为，分为流创新和源创新两种类型，其目的是创造新的商业价值。

根据企业创新和经济转型现状，通过对大量案例的分析，谢德荪提出“源创新”概念。从概念上，“源创新”是一种极具颠覆性和创造性的新思维，是从产业链的源头开始创新，以新理念价值为核心，将资源与能力进行有效组合，以此扩大产业的利润空间，并开拓新的市场，创造新价值。

中国大多数企业着眼于提升“始创新”能力，而忽略了商业创新，导致竞争优势不足。要增强企业在市场的竞争能力，需要合理运用流创新与源创新，将科技水平应用到产业链中，以此来创造更大的商业价值。“始创新”为企业创造了一个前提条件，即为企业提供先进的科技支撑，因科技水平与商业价值之间不能直接联系，则将企业的商业创新能力作为桥梁，充分利用科技优势产生商业价值以获取利润。因此，企业竞争优势的大小不仅取决于科技水平的高低，还取决于企业的流创新或源创新能力。

（一）流创新与源创新的理解

谢德荪教授认为，提升产品的质量、生产不可替代的产品、将市场需求引入产品设计以及生产链的低成本化等都是“流创新”的表现形式，是一种将价值链上各项生产流程进行改善的创新活动。从“开源节流”延伸到“源创新”和“流创新”，其中“节流”的意思是节制开支，因此“流创新”是一种为了减少成本开支或改善现有理念价值而进行的创新行为；“开源”意为开辟水源、开辟收入的新来源，即“源创新”是指通过一种新理念推动企业生产，并对现有资源进行组合，创造新价值的活动。同时，西方学术界对于“源创新”的解释接近于破坏性创新理论所描述的概念，表现为一种全新的且是从无到有的创新。“流创新”与“源创新”都是为了达到增加价值的目的，但在使用方法以及采取的手段上有很大的区别，主要表现为：“流创新”的关注点在于改善自身的能力和资源去满足消费市场的总体需求，而“源创新”是在市场开拓和价值创新的基础上将内外资源以最佳的方式进行组合，使企业生产活动适应市场的变化，以此寻求技术方面的新价值，从而促进企业的可持续发展。

流创新是一种不具有持久性的创新行为，是伴随企业在价值链上的活动过程反复地进行单方面的创新，会不断增加创新成本，同时流创新会忽略价值链的内外部联系，使整个创新流程变得更具复杂性，导致投资回报率逐渐递减。为了增加价值链中的内外部联系，有的研究人员通过价值网络理论来优化流创新理论，将外部利益相关者的资源和能力加入价值链，但并没有改变流创新的价值传递方向单一的劣势，不能满足所有客户群的需求。因此谢德荪教授得出结论，源创新的优势比始创新和流创新更明显，企业在源创新能力的推动下会发展得更为迅速。

源创新不仅使企业关注产品自身具有的价值，还会使企业利用外部优势，以新理念的核心价值观吸引更多的经济成员加入市场，以此建立一个“两面市场”来完善价值体系，考虑各方参与者的利益，并将产业生态系统的可持续性发展作为最终目的[4]。同时，源创新理论的关注点并不局限于价值链中下游客户群的利益和价值，还会重视价值链各利益相关者的价值增值。常规的价值链以顾客为导向，通过各种手段优化各利益相关者的合作关系，为下游客户群提供服务，注重从上游到下游的产品价值传递过程。然而，源创新理论要求企业在服务下游客户群的同时，利用科技手段整合下游资源，为上游商户群提供商业价值，形成一个双向供应的价值链，从而构建一个可以实现价值链上利益共享和双向正反馈目标的“两面市场”商业模型。

流创新可以带动企业的技术创新，从而开发出新的产品，但仅凭技术水平并不能提升企业的业务能力。因此，相对于流创新，源创新能持续地为企业的发展增加动力。

两者的最大区别是：流创新通过自身能力和资源来满足现有市场的需求，达到增加价值的目的；而“源创新”则是通过推动新理念价值，引导其他相关经济成员加入，并组合各成员的力量和资源来满足客户的需求，从而开拓新市场，并形成一个全新的商业生态系统。

（二）源创新理论内涵

在企业面对的外界环境和技术不断革新的背景下，只有善于利用信息技术创新发展，企业才能获得超出某种产品所带来的商业价值。因此企业需要利用静态与动态相结合的创新活动，打破单一静态战略实施带来的局限，转变战略模式，为企业获得更大的利润空间奠定基础。同时，随着科技的进步、互联网的快速发展，迈克尔·波特的传统价值链商业模型满足不了现有市场的需求，也不能描述信息时代市场高速变动情况下的经济活动。因此，源创新理论的应用完善了价值链商业模型，通过构建适应市场环境的“两面市场”生态系统来实现以“产品”为中心到以“客户”为中心的转变[5]。

源创新是受外界各种变化影响而进行的一种实质性活动，不局限于市场及企业现有的产品和技术，突破常规的观念体系，打破传统的思维模式，为企业创造新价值。新理念是结合实际需要所提出的，具有一定可行性的、可以将想象转化为行动的理念，其中最重要也最为关键的是必须为企业及其客户和商户带来新价值，满足各方面的需求[6]。

源创新理论在整个创新历程中具备强大的独立性及适应性，不受市场变化的影响，更加符合现代化社会的发展要求，特别是在“互联网+”模式推动我国经济形态不断发生演变的情况下，企业选择源创新理论进行战略转型适应当下新发展的要求，从而推动行业不断向前发展。源创新理论是在国外的研究基础上并结合国内的环境变化而形成的新的战略理论，优势在于其在企业战略转型中的应用可行性较高。

源创新是以“两面市场模型”为基础发展的理论，具有很强的指导意义，企业是作为价值链传递路径中的平台组织而存在的，主要为客户及商户提供有利的商业价值。因为企业发展依赖该新理念的指导，所以企业的发展不局限于技术创新和产品创新，还需要了解并迎合客户的实际需求，兼顾商户的实际需求和发展需要，包括为企业提供货源的供货商、与企业发展有密切合作关系的商户、企业的发展能够带动的其他商户，等等。

二、源创新理论基础——两面市场

“两面市场”源于著名经济学家夏尔·罗歇和让·梯若尔在研究网络经济时提出的双边市场理论，其指一个或几个允许最终用户交易的平台，通过适当地从各方收取费用使双边（或多边）保留在交易平台。其后，英国牛津大学经济学家Mark Armstrong、新加坡大学经济学家Julian Wright等在双边市场理论及应用等方面展开了研究，对双边市场理论的建立做出了卓越贡献。两面市场理论和双边市场理论，其价值链都是双向的，而双向价值链的建立本质是一种价值主张识别的过程。谢德荪深化了双边市场的研究，他认为传统的价值理念是企业只针对客户提供价值，但当企业作为客户和商户之间的连接平台时，企业面对的就是两面市场客户，以自身为媒介组合上游、下游经济成员间的资源，为生产链各利益相关者提供价值增值服务。

建立两面市场的思路是以平台中成员为主，将对市场的了解程度转化为商业价值，再形成平台上成员间的正向价值效应，从而推动两面市场有规律地运行，其主要的方法有以中介产品增值、从现有客户身上发掘并组合制造业的资源、产融结合等。在工业革命时代，先研发新科技，再以新科技的新功能为支点，研发新产品或新生产流程，最后应用于流创新或源创新理念来创造新价值。而在信息革命时代，先收集、整理并分析两面市场的成员信息，再组合一面市场的成员资源及能力为另一面市场成员提供新价值，提高信息的可用性、价值性，从而达到企业持续发展的目的[7]。

谢德荪教授指出，“两面市场商业模型”是一种更适合信息时代的商业模型。在两面市场商业模型中，“客户”不仅指企业销售的产品或服务的对象，还包括支撑企业发展的所有相关成员，比如上游的供应商。企业作为两面市场的平台，其主要战略是组合一面市场成员的资源为另一面市场的客户群提供新价值，并使两者都增加价值，则平台的回报率也会提升。同时，谢德荪教授分析了多种不同的行业案例，描述了两面市场模型的特征，明确了两面市场模型与价值链模型的差异，提出了多种建立两面市场模型的方法，主张企业应用源创新战略来取得突破、开拓新市场以及获得持续发展。

三、源创新理论支撑依据——动态生态系统

生态系统的提出需要以新理念的形成作为前提条件，而新理念的产生通常源于各主体在日常活动中的实际欲望或需求，并不是局限于技术创新和产品创新的触动。当生态系统创建后，新理念会推动其他响应者加入，从而扩展价值链，开拓新的市场，创造更多的市场新价值。

通过分析波特价值链理论的局限性，提出源创新理论，企业建立新的动态生态系统，即源创新理论是通过新的理念价值来建立新的生态系统。同时，生态系统的生命力取决于系统内部的一种相对稳定的动态平衡状态，而源创新理论的“两面市场模型”具有维持动态平衡的作用，因此建立生态系统的同时需要重视“两面市场模型”[8]。

生态系统通过完善的管理机制来增加金融与创新两个系统之间的互动，促进源创新理论在两面市场建立创新经济体系。在生态系统建立的初期，即在推动新价值理念产生的阶段存在着许多问题，如市场认可度及大众接受程度降低等，因此需要大量熟知源创新理论的人才加入该生态系统，将新理念价值转化为实际收益，吸引各方人才加入并共同创造新价值，此时体现生态系统内部的正向网络效应。为了促进正向网络效应的良性循环，平台企业需要具备利用系统内各方资源的能力，并运用“流创新”的方法去创造更多的有利资源，再以资源及成员的支撑力度为运作基础，加快生态系统的发展速

度，从而不断地更新价值理念，使两面市场商业生态系统在源创新和流创新间互动创新的基础上越发完善。两面市场的成员间既会产生互利共赢的局面，也会出现利益冲突的现象。但是具有共生关系的成员会在创造新价值的同时开拓新市场领域以及强化已经形成的价值链。因此，同一价值链的成员不仅要维护自身利益，还要创造良好的共生环境；不仅要创造自身价值，还需要考虑上下游间的共同利益；不仅要通过创造自身价值来加强所处的价值链，还要积极地开发多条价值链的互动，才能有助于商业生态系统的建立。

源创新生态系统是一个具有共生关系的经济共同体，也是一个基于长期信任关系形成的相互关联的组织构架，能让内部各成员拥有最大价值。同时是一个给予各创新主体发挥各自异质性的介质，是支持协同合作的创新群落，实现内部各成员的价值创造，并形成相互依赖和共生演进的网络关系。建立源创新生态系统能使有限的资源适应市场变化的需求而发挥最大的作用，创造新价值，实现各方的需求及发展。

参考文献

[1] 胡列曲.波特的竞争优势理论述评[J]. 经济问题探索，2004（12）：21–23，137.

[2] 韩慧. 以资源优势为中介的企业碳资产管理与竞争优势关系研究 [D]. 天津：天津财经大学，2013.

[3] 周翔宇，张阳，唐震.欧洲企业网络协同创新机制及对提升我国中小企业创新能力的启示[J]. 经济体制改革，2016（4）：174–179.

[4] 钟耀广，唐元松.基于“源创新”理论的电子商务共同配送体系创新[J]. 贵州社会科学，2016（1）：136–142.

[5] 马胜铭.源创新理论下物流企业商业模式创新研究[D]. 镇江：江苏科技大学，2017.

[6] 吕兰.源创新：结构性改革的新引擎[J]. 全国商情，2016（23）：3–4.

[7] 苑庆泽.机械制造行业两面市场研究[J]. 中国高新科技，2017，1（1）：35–36.

[8] 黄栋，吴宸雨.我国风电发展的障碍与对策：基于“源创新”理论的分析[J]. 科技管理研究，2014，34（13）：11–15.

第三章 | 我国建筑企业竞争力现状与战略转型面临的环境

第一节 我国建筑企业竞争力现状

一、建筑企业竞争力概述

（一）竞争的相关概念

“竞争”一词在经济社会中的运用十分普遍，是社会发展最直接的动力。竞争是为了让企业赢得持续竞争优势，谋求更多的资源和更大的发展空间，以求得企业的发展。在管理学领域，竞争表现为两者间相互作用的关系，主要存在于商品的生产者与购买者之间，或者与其他利益主体之间，同时竞争表现为在相互博弈的过程中，为了谋取最有利的市场条件、地位以及更多的利润价值而产生的一种角逐行为[1]。竞争是市场经济内在规律的表现形式，因而是市场经济的实际运动；竞争是市场进行资源配置的重要手段；竞争也是市场快速发展的必然结果。

（二）建筑企业的竞争力

企业竞争力是指在竞争性市场条件下，以发展资源与能力为基础，结合有利的外部资源，为顾客服务的同时创造价值，并展现自身的综合能力，从而实现价值的转换。当企业能够更有效地向目标市场提供满足消费者需求的产品或服务时，能获得一定的盈利和市场占有率。企业的竞争就是指市场竞争，它的竞争范围是广泛的，包括产品竞争、技术竞争、人才竞争、管理竞争、资金竞争、员工素质竞争、品牌竞争、发展战略竞争、企业文化竞争，等等[2]。

建筑企业竞争力与其他行业的企业竞争力一样，都是在一定的环境下整合并运用内外部资源，以此形成可持续发展能力。然而，建筑产品具有的固定性、庞大性、多样性和综合性等特征，以及建筑产品的生产方式、交易过程的不同，建筑企业可持续发展具有一定的特殊性，因此不同企业之间的竞争力还是存在较为明显差异的。建筑企业之间也存在着竞争关系，但是企业规模各异，企业之间竞争的项目或环节也有所不同[3]，因此，众多方面的不同以及特殊的差异性，形成建筑企业独有的竞争力。建设市场的建筑产品即建设项目，总是千差万别的，既不能将外观、用量、环境等方面进行标准化，也不能对产品配套设施等进行批量生产，并且建设项目的生产周期较长，而市场瞬息万变，因此建筑企业的竞争力必然具有一定的独特性。

（三）建筑企业的核心竞争力

建筑企业的核心竞争力主要包括传统生产要素的能力和可持续发展的能力，因此，在建筑项目的生产过程中，建筑企业要展现自身的竞争优势，就要优化竞争力：第一，优化传统生产要素的能力，主要指的是劳动力、资金和自然资源等；第二，发展可持续能力，即把握市场最新信息、知识以及创新的能力；第三，与自然和谐相处，就是指在提高自身能力的同时，不破坏周边环境，做到绿色施工。

判别建筑企业是否拥有核心竞争力的标准主要包括顾客价值、稀有性、难以模仿性和不可替代性，其核心含义：一是从客户的角度出发，企业提供的资源是有价值且不可替代的，能最大程度地满足客户的需求；二是从建筑企业的同行竞争者的角度出发，提供的产品及服务是不可以模仿的且具有一定生命力。作为建筑企业，应在复杂的形势打造企业核心竞争力，满足市场不同消费群体的需求，以实现长期发展的目的。

二、建筑企业竞争力的变化

随着我国经济建设的不断发展，建筑业完成了一系列基础建设工程，极大地改善了人们住房、出行及通信等条件，对推动社会发展做出了突出的贡献。2019年，我国城镇居民人均住房建筑面积达到39.8平方米，农村居民人均住房建筑面积达到48.9平方米。全国光缆线路总长度达4750万公里。建筑业突出的建设成就离不开建筑企业的持续快速发展，而市场竞争促使企业实现可持续发展，因此建筑业持续发展依赖于建筑企业竞争力和综合素质能力的提高。建筑业通过与其他行业以及同行业内的竞争，为我国经济做出了贡献，同时在某种程度上改善了人民生活、扩大了从业人员的规模。

（一）建筑企业数量的变化

我国已经进入高质量发展阶段，建筑业实力和地位以及对经济社会的贡献得到显著提升。国家统计局数据表明，我国建筑企业的数量每年都在稳步增加。由图3-1可知，2014年我国建筑企业的数量突破8万大关，2014—2016年的增长速度并不是很明显，但从2017年开始，建筑企业数量增长较快，比2014年多7148个，2019年突破了10万大关，2020上半年（2020H1）的建筑企业数量较2019年增长10.80%。

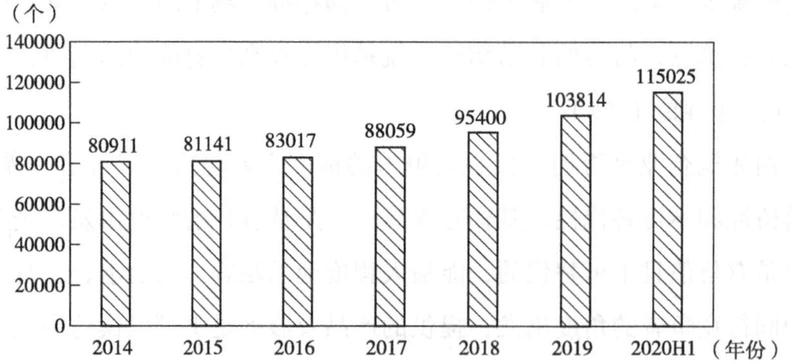

图 3-1 建筑企业数量增长情况

数据来源：国家统计局。

（二）建筑企业生产总值的变化

随着建筑技术不断成熟和装备设施不断完善，建筑业产值规模得到大幅度提升，2014年全国建筑企业完成总产值17.7万亿元，同比增长10.2%。与2014年相比，2015年其增加值并不明显，但呈现逐年上升的趋势。2017年，全国建筑企业完成总产值21.4万亿元，突破20万亿元大关，其增速超过了2014年。2018年全国建筑企业完成总产值23.5万亿元，是2014年的1.33倍。2019年达到24.84万亿元，同比增长5.70%。2020上半年（2020H1）全国建筑企业完成总产值10.08万亿元，同比下降了0.76%。由图3-2可知，我国建筑企业生产总值还在持续增加，同比增长速率一直处于正值的状态，建筑企业生产总值占国内生产总值的比例始终保持在较高的水平。

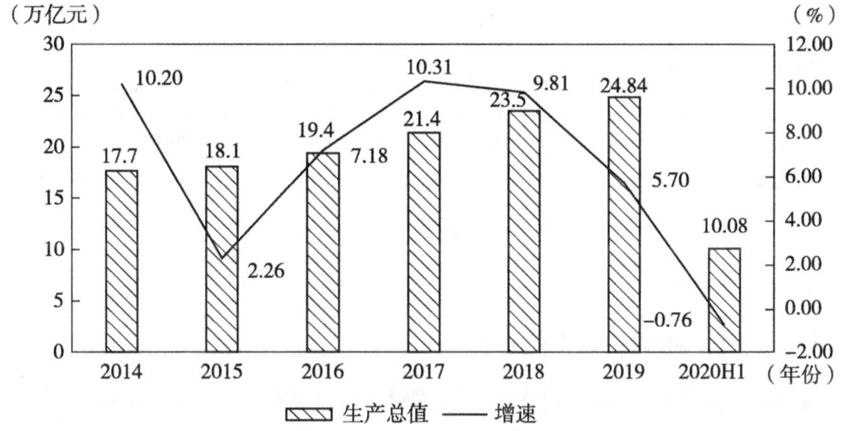

图3-2 建筑企业生产总值

数据来源：国家统计局。

（三）建筑企业增加值的变化

建筑业管理制度不断优化，实力得到了明显提升，推动了经济的高质量发展，同时建筑业在社会建设中的支撑作用越发明显。根据中商产业研究院大数据库的数据，1978年全国建筑企业增加值仅为139亿元，占GDP的比重为3.8%；2013—2016年，建筑企业增加值占当年国内生产总值的比重均保持在6.7%以上。根据国家统计局数据，2017年建筑企业增加值比1978年增加55550

亿元，占GDP的比重比1978年提高2.89%；2018年和2019年建筑企业增加值比2017年分别增加9804亿元、15215亿元，占GDP的比重逐年提高；2020上半年（2020H1）国内生产总值同比下降1.6%，建筑企业增加值同比下降1.9%。由图3–3可知，随着我国社会经济的发展，我国生产总值大幅度攀升，建筑企业增加值显著提升，占GDP比重也在逐年增加。按照市场发展规律，我国建筑企业将会不断深化，为国民经济发展提供基础条件。

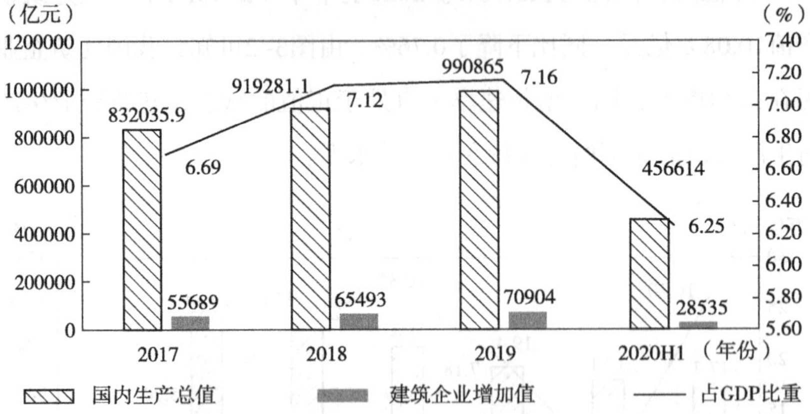

图 3–3 建筑企业增加值变化

数据来源：国家统计局。

（四）建筑企业纳税能力的变化

随着我国税务管理效率逐渐提升，纳税人的纳税能力显著增强。从20世纪90年代开始，建筑企业的创税能力随着“分税制”的改革而不断增强，上缴税金呈现快速增长的态势，对财政收入的贡献尤其突出，表明建筑业的人均收入水平在不断提高。由图3–4可知，2008—2019年建筑企业税金总额从2264.98亿元增加到8231亿元，增长了近2.63倍。其中，2017年比2008年增加了4102.02亿元，占全国税收收入的比重提高了0.23个百分点。同时，2018年建筑企业的税金总额成为国家特别是各级地方财政收入中稳定且重要的增长点，税金总额是2008年的3.31倍。2020上半年（2020H1）建筑企业的税金总额为4055亿元，占全部行业税金总额的4.95%，为我国税金收入做出了突出贡献。

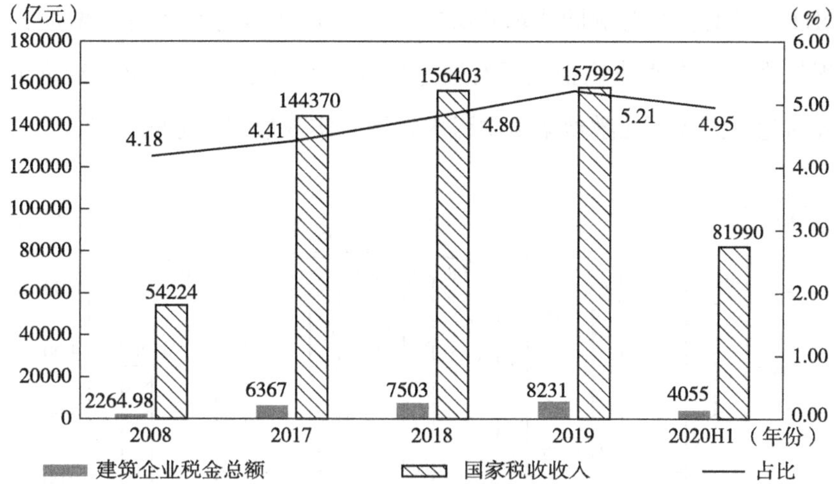

图 3-4 建筑企业年度税金变化情况

数据来源：国家统计局。

（五）建筑企业从业人员的变化

从新中国成立到改革开放，我国建筑业从业人员从不到20万人增加到648万人。随着改革开放的不断深入，建筑业从业人员得到了快速扩充，在吸纳农村转移人口就业、推进新型城镇化建设和维护社会稳定等方面发挥着显著作用。由图3-5可知，2014—2018年建筑业从业人数逐年上升，占全社会就业人数的比例一直处于上升的阶段。2014年建筑业从业人员占全社会就业人数的5.87%，2018年占全社会就业人数的7.17%，比2014年提高了1.3个百分点，5年内占全社会就业人数比重平均为6.686%。2019年建筑业从业人数呈负增长，同比下降2.44%，2020上半年（2020H1）同比下降4.38%。建筑业在持续发展的过程中，从业人员数量会不断增加。

（六）建筑企业利润总额的变化

从盈利的角度，由图3-6建筑企业的利润总额及增速可知，自2014年以来，我国建筑企业实现利润总额持续增长，2016—2018年实现利润总额由6986亿元增长到7975亿元，增速却降低了1.84个百分点；2019年建筑企业利润总额相比上年增加了406亿元，其增速下降了1.36个百分点；2020上半年

（2020H1）实现利润总额同比增长4.3%。连续四年保持利润总额增加，但增速在逐年降低，表明建筑企业只有通过提高核心竞争力，才能使建筑企业获得较大的竞争优势，在激烈竞争中谋求发展，实现数据指标的提升。

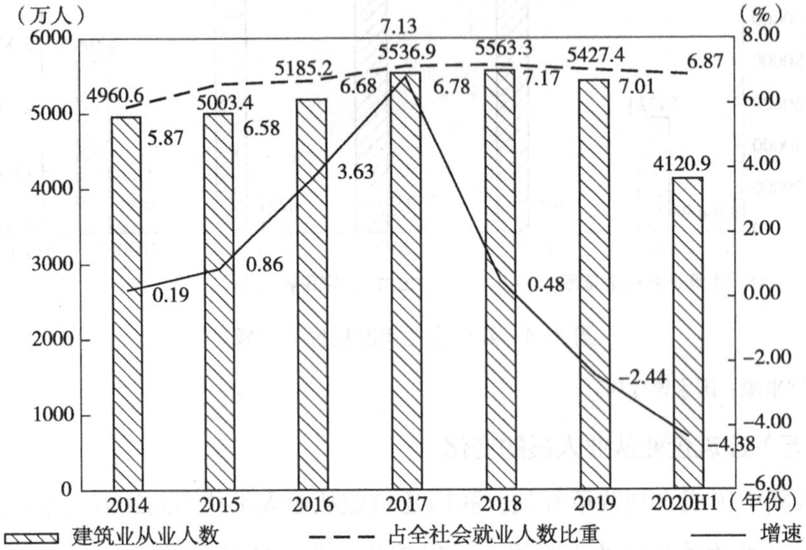

图 3-5 建筑业从业人数占全社会就业人数比重

数据来源：国家统计局。

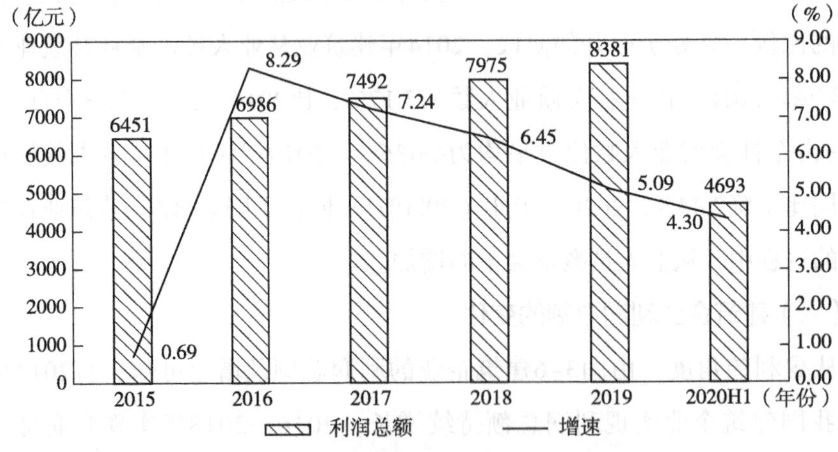

图 3-6 建筑企业的利润总额及增速

数据来源：国家统计局。

综上所述，从建筑企业生产总值、增加值、占GDP比重、从业人数、盈利状况等方面可以看出，建筑企业拥有一定的竞争优势，能为其他行业起模范带头作用。企业为了持续稳定地发展，在发展过程中创造更大的价值，需要形成自己的竞争优势，拥有自身的核心竞争力。由此可见，企业应建立核心能力，通过分析了解市场环境和消费者需求的变化，选择合适的战略模式，将竞争优势转化为企业发展的能力，从而保证企业可持续发展。

三、我国建筑企业竞争力的影响因素

我国建筑企业在不断变化的市场环境中逐渐形成了一套独有的建筑市场运行机制，在此运行模式的指引下，一些建筑企业在风险预测及防范方面取得了长足的进步。然而，由于建筑企业外部及内部的不稳定因素，我国建筑企业竞争力水平降低，主要有以下几种因素[4]。

（一）国家因素

改革开放前，建筑企业管理体制等不完善，主要依靠国家计划经济的体制来分配任务，不具备独立性以及创新性，同时国有建筑企业只反映财务报表上的整体盈亏情况，企业的奖惩制度不完善，束缚了企业的发展。改革开放后，建筑企业转变了经营管理模式。然而，一些国有建筑企业承揽任务的能力不足。为了提高建筑企业的竞争力，只有进行战略转型，才能提升自身的竞争能力。

（二）市场因素

我国的建筑市场并没有统一的标准规定，还存在着行业垄断、部门分割、地区封锁等问题，建筑市场尚未完全形成公开、公平、公正的竞争环境。建筑企业在空间上存在着地区的限制，大部分建筑企业的业务活动集中在当地区域，难以进入其他地区。由于行业分布受到限制，企业很难跨区域发展。因此大型建筑企业要利用有利条件发展其纵向业务，改变专项业务范围较窄、综合竞争实力较低的现状。

（三）行业因素

我国建筑行业的不规范以及规章制度的不完善，制约了管理模式的创新；同时，建筑市场对外开放还存在一定的约束，长期的内部竞争导致企业无法了解外在的竞争对手，因此企业潜在的弱点难以得到有效改善。另外，由于建筑企业内部管理的不规范，使其在管理制度和技术上处于较低水平，相比西方发达国家，还存在着不小的差距。

（四）自身因素

大部分建筑企业无法适应市场化的运作模式，技术水平落后、标准化程度不高。知识资源是第一生产要素，传统要素在市场逐渐失去主导地位，科技创新已成为企业转型的重要支撑。因此，企业不能仅依靠降低成本来提高建筑项目的竞争力，还要强化技术创新，提高竞争层次，形成独有的竞争优势。

建筑行业的发展方向和竞争格局也是影响企业发展较为关键的环节[5]，其主要分为四大技术因素，分别是信息化技术、新的施工技术和施工设备、新的材料技术、绿色环保技术。对于建筑行业来说，产品最终目标为绿色、智慧、宜居，这需要通过项目的建造和运维得以实现，以此形成建筑企业最鲜明的核心竞争力。在建造过程中需要更加精益、更加智慧、更加绿色，从而促进企业战略转型；在运维过程中需要更加智慧、更加有效且能耗更低，从而促进企业稳定发展。随着信息化技术水平的提高，建筑企业管理水平不断提高，将传统的发展模式与BIM（建筑信息模型）、大数据、物联网、移动技术、云计算等进行融合[6]，以此提升建筑产品的质量水平，使其具备可持续发展的生命力。信息技术手段主要通过“互联网+”实现，在“互联网+”的背景下进行战略转型，能有效地提高行业信息化管理水平，降低生产成本并提高生产效率。快速发展新一代信息技术与相关产业的创新应用，可以有效布局大数据、物联网、云计算、虚拟现实、智慧城市、移动互联网等发展，为企业提供领先发展的机遇。因此，将“互联网+”技术平台应用到建筑业，是提升建筑企业水平的重要手段，是建筑企业实行战略转型并拥有竞争优势的必然选择，也是建筑企业能够实现可持续发展的集中表现。

第二节 我国建筑企业战略转型的影响因素

一、影响建筑企业发展的政策因素

当前，建筑业在国家经济结构中占有相当大的比重，在实施工程项目过程中，从项目立项开发、可研报批，到项目施工建设、竣工验收，每个过程环环相扣，严格按照国家相关政策有序推进。因此，正常运行的建筑企业的经营管理对国家政策变动的敏感性较大，一旦政府政策稍作调整，企业从组织管理到生产经营各个方面都或将出现各种各样的问题[7]。从PPP（政府和社会资本合作，公共基础设施一种项目运作模式）项目模式在我国发展的历程可以看出，政策变动、经济体制改革等因素对建筑企业的影响尤为重要。

以PPP项目为例，自20世纪80年代我国公共设施建设引入PPP项目模式至今，该模式已经在我国发展了40多年。其发展历程从最初摸着石头过河，模仿国外相关制度体系，建立我国PPP模式的政策框架；到21世纪初国家推广，国内掀起一股PPP项目建设大潮；到2008年为应对金融危机，国家出台的相关经济刺激政策，如银行无条件提供贷款的做法，使得PPP生态遭到破坏；再到2013—2017年政府机构加快普及PPP项目相关规范政策，使得PPP项目建设迎来新一轮发展高潮。由此可以看出，PPP项目在我国发展的历程几经波折，且目前PPP项目发展的主要制约因素是政府相关规范政策配套不够完善，导致政府融资成本与社会资本的预期收益发生冲突。

互联网时代需要把握发展机遇，把互联网的创新成果与现代建筑业深度融合，推动技术进步、效率提升和组织变革，提升建筑企业经济创新能力和生产能力，形成以互联网技术和创新要素为基础的经济社会发展新形态。为顺应经济全球化的发展趋势，使“互联网+”引领现代建筑企业，开拓国际化市场，政府应营造文明健康的互联网环境。实行大数据战略，破除“信息孤岛”，打破原有的利益格局，实现资源共享、信息公用，提升效率。实现以互联网为平台的经济发展成果共享互惠，使产业融入互联网平台，使传统产业与互联网实现多方面的对接，拓展互联网的应用范围、强化其产生的作用。

互联网的发展使得获取信息和数据的能力呈指数级增长，国家针对互联网时代特征制定了符合发展趋势的政策规范。以互联网思维判断当前政策下行业发展态势，为企业战略发展决策提供关键的指导意见。在互联网背景下，充分认识“互联网+”对政策、市场、产品、商业、生态等方面产生的影响，确立企业当前环境的竞争战略，是建筑企业战略转型的关键。建筑企业应利用互联网技术实现建筑产业优化和市场发展，对建筑业高质量发展做出贡献。

二、“互联网 +”的进程及其对建筑企业发展的影响

（一）“互联网+”的理解

1.“互联网+”的概念

对于“互联网+”这一概念，通常将其理解为将互联网技术应用到某一行业或领域，为企业带来便捷，或是给企业带来更广阔的发展前景。但如果单纯地将互联网与各行业进行简单相加，则无法使得二者之间产生深度的交融关系，也就无法实现企业的互联网转型发展。事实上，“互联网+”是通过互联网平台和信息技术与企业的深度融合，使二者能够产生更多的交流，而不是只停留在技术上的应用，以此改变企业的发展理念，从而形成全新的发展态势。就当前我国工业互联网发展所处的大环境来说，工业化发展同互联网不断深度融合，在“互联网+”的作用下进一步将互联网思维融入工业化发展进程，使得二者融合得到“加强”和“升级”。互联网时代只有将较为关键且

新兴的互联网技术运用到现代工业，才能逐渐推动制造业、建筑业以及服务业等与互联网的深度融合，从而发挥“互联网+”的真正效用，并激发各行业的创新动能。就“互联网+”这一概念的“+”而言，依据我国当前有关理论和应用的研究，“+”不代表相加，而是代表融合和创新。只有让“+”形成一种或多种创新形态，才能在工业4.0的支撑下逐渐成为推动经济社会发展的“强劲引擎”。通过“互联网+”与各产业的深度融合，充分发挥其内涵和应有的功能，这才是“互联网+”的实际意义和作用。

换个角度理解“互联网+”，也可以将其看作在互联网思维影响下所形成的一种社会实践，是当前经济转向新常态发展所形成的一种社会生产力，具有极大的创造力，且具有先进性，能够使社会经济形态发生变化，适应经济转型，并持续激发实体经济活力，为企业发展注入新鲜血液。在“互联网+”的影响下，转型后的社会形态对社会资源配置、经济运营模式以及各产业和行业发展提出新的要求。同时，“互联网+”的应用也会对这些新要求产生推动作用，从而促进建筑业基础设施及配套设施建设的互联网化，并产生更强大的社会生产力。

2. “互联网+”的内涵

“互联网+”是一种新的业态。从互联网科学技术的角度来看待“互联网+”，“互联网+”是社会推动下的互联网形态演进及其催生的经济社会发展新业态，这种业态的衍生发展对经济发展产生了较大的影响，从而推动经济形态不断发生变化。“互联网+”与各行业之间联系越来越紧密，不仅将互联网融入企业的发展进程，还创造了一种以互联网为核心的可持续发展环境。马化腾指出，“互联网+”战略就是利用互联网平台，利用信息通信技术，将互联网和包括传统行业在内的各行各业相结合，在新的领域创造一种新的生态。[8]李彦宏认为，“互联网+”是将互联网与其他传统产业相结合的一种新模式。这种模式随着互联网的发展而快速发展，对传统产业的影响力与日俱增。对于互联网科学技术，无论是从科学技术的层面，其作为工具所产生的价值来说，还是从与各产业相互融合对经济的影响程度来说，其都已经融入企业转型升级和行业经济结构升级优化的进程。

“互联网+”是一种新的融合。融合不只是两个事物的简单相加，而是在一个共生的有机环境下，二者能够产生相互的影响作用，在这样的影响机制下推动二者产生深度融合并使个体得到更好的发展。称“互联网+”是一种新的融合，是因为在当前互联网发展的大环境下，互联网科学技术领域所产生的创新技术成果与经济社会各生产部门之间进行深度融合，能够引导实体经济产生新的生产力并提高其部门的生产效率，这个融合过程不仅能够大幅提升互联网科学技术水平，也将影响生产部门的发展趋势，进而影响整个经济社会的发展。从宏观视角出发，“互联网+”会产生全局性的影响，这个影响不局限于对生产部门的生产力和效率的改变，而是对行业发展和经济社会发展产生全局性的动态变化。以微观视角，“互联网+”可以被看作基础设施建设的一部分，作为行业发展和社会进步的支撑，基础设施一直是动力来源，“互联网+”能够帮助我们重新构建一种思维，即通过融合创造新的发展生态。“互联网+”不仅能够提供良好的途径实现新的融合，而且更能通过互联网和物联网技术等引导创新，以此打破传统产业的发展壁垒，将新的信息流和资金流引入深度融合后的有机体，从而推动整个新生态的发展。

3.“互联网+”的特征

“互联网+”是一种融合，具有互联性、创新性、变革性等特征，“互联网+”也通过创造新的业态，表现出重塑性、开放性、多元性等特征。

（1）“互联网+”的创新特征

就创新的本质而言，“互联网+”是对原事物的推陈出新。早在20世纪60年代，科技创新就被摆在发展的核心位置。进入21世纪以来，随着人们对科学技术认知的改变，对信息技术的发展及在经济社会建设中的应用观点也发生了改变，并对创新赋予了新的内涵。“互联网+”的发展进程是创新的结果之一，创新不仅推动了“互联网+”的形成，还推动了“互联网+”与产业发展和经济社会进步的深度融合。因此，“互联网+”的创新性特征可以理解为在创新2.0下实现对互联网科学技术和信息技术的形态转变，用公式表示为"Σ新一代信息技术='互联网+'"。"互联网+"的本质就是借助创新来实现融合，通过互联网的创新性融合使产业化实现路径更顺畅。在数字经济时代，行业的发展不仅需要借助互联网科学技术来实现创新，还需要把互联网思维运用到经济发展，充分发挥互联和物联优势，加强产业之间的交流与学习。我国经济的发展模式由资源驱动型逐渐向知识驱动型和技术驱动型转变，创新驱动已经成为提高经济发展质量的核心要素，运用互联网科学技术思维进行跨界、变革、创新已经成为时代的命题，借助"互联网+"充分发挥创新驱动发展的影响力已经成为重塑经济结构的重要途径。

（2）"互联网+"的互联和开放特征

各行业、企业之间依靠"互联网+"相互联结，增加了相互之间的交流机会，增强了企业的开放度。例如，电商借助互联网平台将企业推广到消费群体，向消费者开放；互联网社区的建立也促进了企业拓扑式发展格局的形成。在"互联网+"的作用下，大型企业成为提供开放服务的中介平台，规模较小的企业则成为网络中进行产品或者服务的输出节点，"互联网+"将大小企业联结，形成一个有机整体。企业的创新成果可以通过互联网平台提供开放服务，进行信息披露，实现资源共享。各行业或者企业根据互联网平台中开放的资源和服务，凭借自身的优势，不断创造新成果，最终实现红利共享。

4."互联网+"的应用

（1）大数据与云计算

大数据是指一种对集合数据进行获取并分析的新处理模式，它的核心在于获取的数据以及处理和分析数据的手段，在这个过程中需要较强的决策能力、敏锐的观察能力和处理流程的优化能力，凭借这些能力对大规模、高增长率和多样化的信息进行分析、管理和存储。因此，大数据就是在海量的数据动态变化过程中对其进行分析和处理，实现预期目标的行为。大数据技术的战略意义并不在于对海量数据的收集，而在于对这些具有实际意义的数据依靠互联网科学技术进行专业化处理。换句话说，就是提高对数据的“加工能力”，使数据经过“加工”后能够产生增值效益。如对某一类有特征的数据进行收集、筛选、分析等智能化处理后，以另外一种语言陈述数据中的含义，这些含义能够真实反映决策者需要的有效信息，以此帮助决策者进行预估和决策。依据大数据技术进行信息处理，不仅能提高处理和解读数据的效率，还对风险控制、目标选择和战略转型等一系列高级管理行为具有十分重要的实践意义。随着云时代的到来，大数据更加受到重视，且大数据的存在是建立在云计算的基础之上的。从技术上来看，大数据与云计算本身就是一个密不可分的整体。另外，对大数据进行处理，一般无法通过单台计算机运行实现，必须采用分布式结构来进行数据处理和云存储。大数据离不开云计算，因为云计算可以为大数据提供具有弹性且可拓的处理基础，这也是产生大数据的来源之一。大数据技术与云计算技术已经紧密结合，未来，两者关系必将更为密切。

（2）物联网

物联网是基于互联网、传统信息网络等网络结构而衍生的新型信息载体，其能够通过各类装置和信息技术实时采集所需各类信息，再通过可用网络接入，实现人物互联、物物互联和人人互联，网络中任何可以被独立寻址的普通物理对象都可以互联互通。物联网作为新一代信息技术的组成部分，它的核心和基础依旧是互联网，因此可以将它理解为在互联网基础上所作的延伸和拓展，只是它需要借助各类信息传感设备来实现人、机、物的互联互通。物联网在处理信息上具有获取信息、传送信息、处理信息、施效信息等功能，就其基础特性而言，物联网的信息交互核心是实现物与物、人与物之间的信息交流，因此物联网具有整体感知、可靠传输、智能处理等特征。随着物联网的快速发展，物联网技术已被广泛应用于经济社会发展，包括交通、物流、农业生产、工业、环保等领域，依靠相关技术推动了这些产业的智能化进程，也使有限的资源在物联系统中得到高效的分配和利用，从而提高了行业的效率和效益，进一步提高了经济发展的质量。

（3）电子商务

电子商务与互联网技术的结合是“互联网+”最典型的表现形式，电子商务是以信息网络技术为手段，以商品交换为中心的商务活动。在互联网的开放环境下，买卖双方基于客户端/服务端模式不需要当面交易就可以进行货物和资金的交换，实现消费者通过线上渠道完成商品交易和电子支付以及其他商务活动、金融活动。电子商务分为ABC、B2B、B2C、C2C、B2M、M2C、B2A等多种形式，这些商务形式的构成要素包括平台、消费者、交易产品以及交易物流。电子商务作为互联网时代的直接产物，是网络与信息技术的未来发展趋势，因互联网技术的开放、跨界、低成本、高效、便捷等特性，使电子商务的价值不局限于作为新的交易方式而存在，还赋予从事电子商务相关活动的企业或个人较突出的优势以及更广阔的发展空间，这将推动商业的现代化进程，甚至影响整个经济体的运行和结构变化。

（4）工业互联网

工业互联网是依托于不断迭代更新的互联网科学技术，结合大数据的运用，为激发工业生产力而发展的。“互联网+”是我国网络化发展领域的新兴概念，它与工业发展的结合刚好对应国际上“工业物联网”这一概念，其中“工业物联网”发展最为突出的便是德国的“工业4.0”、美国的“再工业化”以及中国的“中国制造”。在物联网的基础上进行“工业4.0”的革命，目的是通过更开放、全球化的互联网络，将人、设备以及数据整合，互联互通，实现数字化、智能化。工业互联网的本质与核心是要利用工业体系与互联网技术的结合，在设备、生产线、供应商、运营商和客户之间架起可供沟通的桥梁，并将参与其中的主体紧密地连接融合，有助于制造企业扩大生产链，实现企业的跨界融合，提高生产效率，增加经营效益，并推动制造服务体系向数字化、智能化转型。实现跨界融合后的制造企业与服务企业之间有更好的交流，能够使工业中的各要素在各个主体之间合理分配，从而实现共同发展。

（二）"互联网+"的发展趋势

在"互联网+"的发展进程中，分别经历了消费互联网和产业互联网两个阶段。其中，消费互联网是指以个体消费者为服务对象，在经济社会的不同背景下，为消费者提供满意的消费需求，这些需求包括人们日常出行、娱乐、生活、居住等方面，提升供给效率并增强个体消费者的消费体验和满意度。消费互联网最初是通过PC端的互联得以实现，随着移动互联网的发展，逐渐由PC端向移动端转移，并提高了线上对线上、线上对线下交易的效率，移动端的开发带来了更大规模的消费群体。消费互联网最重要的核心是线上消费者，但随着移动互联网的发展，截至2020年3月，我国网民规模达9.04亿，其中手机网民规模达8.97亿，占比达99.2%。从增速来看，我国网民规模已经逐渐饱和。消费互联网的增长空间有限，各大消费互联网巨头开始加大布局产业互联网，探寻新的增长空间。这表明随着消费互联网发展逐渐进入成熟阶段，互联网逐渐由个体消费转向以产业发展为主。产业互联网发展涉及流通、金融、工业三个领域。流通互联网是指借助互联和物联技术等新一代信息技术进行资源的垂直供应，尽量减少中间渠道或环节，以提高整个供应链的流转效率。金融互联网是指客户端或者平台端不通过线下交易等中介平台，而直接介入银行端口，再通过银行直接对其授予相应指令进行交易。例如，基于电商的网络P2P模式就是依靠金融互联网直接进行点对点交易，能够充分发挥互联网科学技术的优势，从而实现普惠金融可持续发展。工业互联网则是指智能制造，运用数字化和智能化手段实现人机交互，再通过软件和大数据分析，对工业系统进行重构，以此激发现代工业发展的活力，工业化生产也能够在更便捷、更高效、更清洁且更安全的环境进行，并且工业互联网可以依靠数字模拟和物联技术根据客户需求的变化实现个性化的柔性生产。

工业互联网正在加速发展，将会推动实现以个性化定制为核心的中国工业4.0的发展，这已经成为"互联网+"发展的必然趋势，最终新一代信息技术将更广泛地应用于智能制造和数字化生产，并将个性化的需求及供给转化为现实。未来的"互联网+"不仅在消费者领域拓宽互联网络平台的运用，满足人们对消费渠道的要求，还将使互联网与工业化发展深度融合，与供给侧结构性改革紧密结合，共同推动实现“中国智造”。

（三）“互联网+”对企业战略转型的助力作用

随着互联网技术的发展以及广泛应用，互联网与企业之间的深度融合已经成为必然的趋势，“互联网+”对企业转型升级的正向作用也越来越明显。温海霞（2018）在对“互联网+”模式正向影响企业转型升级的理论以及实证中发现，全行业都在走向互联网化，这是未来产业发展的大势所趋，它依靠的基础是互联网技术和大规模的专业设备，它服务于人，也通过人的需求不断发展自身的驱动力[9]。罗序斌（2019）指出以互联网为核心的新一代信息技术广泛应用于传统制造业，使得中国以往依靠劳动力优势来发展生产力并参与国际分工的模式已经难以维持。“互联网+”背景下进行高质量发展也不断要求中国传统制造企业进行转型升级，不能维持以往“低端锁定”的状态，应在满足消费需求升级的情况下实现互联网转型，赢得企业竞争力[10]。“互联网+企业”可视为企业的“新型化”，将互联网技术广泛应用于企业，在这个过程中通过网络技术开展企业技术创新、管理创新、生产力创新，依靠互联网思维和创新驱动理念推动企业转型和发展，真正意义上实现互联网和企业的深度融合，从而推动企业向数字化、网络化、智能化以及服务化“四化”并进[11]。

“互联网+”快速发展在一定程度上对传统企业造成了影响，但对我国建筑业来说是一个转型发展的良机，我国建筑业应该积极引入互联网技术，并将互联网思维融入企业发展战略，在整合企业内部资源配置的同时，对企业结构进行重组和改革，以此促进建筑企业战略转型发展。

参考文献

[1] 穆文奇，郝生跃，宋天石.我国建筑企业发展的路径依赖研究[J]. 建筑经济，2016，37（10）：10–13.

[2] 王翠萍. 中小建筑企业信用评价研究[D]. 西安：西安建筑科技大学，

2016.

[3] 谢晓东. 基于演化博弈的中小建筑企业信用风险研究[D]. 南昌：江西财经大学，2019.

[4] 李瑞彤. 基于技术创新视角下的建筑企业竞争力研究[D]. 锦州：辽宁工业大学，2019.

[5] 刘阳. 中国建筑业区域竞争力研究[D]. 广州：华南理工大学，2011.

[6] 季红梅，汪小平，罗彪.区域建筑业科技竞争力综合评价与分析：基于中国各省市面板数据的实证研究[J]. 世界科技研究与发展，2012，34（2）：349–354.

[7] 张向礼.大型施工企业战略转型的动因与方式[J]. 企业改革与管理，2014（1）：20–21.

[8] 马化腾.关于以“互联网+”为驱动推进我国经济社会创新发展的建议［J］.中国科技产业，2016（3）：38–39.

[9] 温海霞.“互联网+”模式助推传统产业转型升级的理论与实证研究[J]. 科学咨询（科技·管理），2018（12）：72.

[10] 罗序斌.“互联网+”背景下中国传统制造业转型升级研究[J]. 金融教育研究，2019，32（1）：18–29.

[11] 张曌.互联网背景下广东省制造业转型升级路径研究[D]. 广州：广东财经大学，2015.

第四章 | 我国建筑企业战略转型的动因、目的、内容与成效

随着我国经济迈向高质量发展阶段，建筑企业在供给侧结构性改革的背景下，正处于转变发展观念、重塑企业管理架构、加速产能转化的关键时期。自新中国成立以来，建筑业作为国民经济的支柱产业，其产值规模庞大。但随着我国资源环境保护日益强化，建筑业粗放式发展模式难以为继，建筑企业迫切需要实施战略转型，而企业的战略转型受转型动因、转型能力等因素影响。本章将结合建筑企业互联网环境战略转型的动因、互联网战略转型目的等内容，分析建筑企业在互联网环境下如何进行战略转型。

第一节 我国建筑企业战略转型的动因

一、提高产出能效的需求

建筑业长期以来被看作劳动密集型产业，随着我国人口老龄化趋势日益明显，人口红利优势逐渐减弱，经济高质量发展对于行业中从业人员的综合素质、专业技术能力提出了更高的要求。目前，我国建筑行业从业人员整体水平较低，缺乏创新型人才，部分企业创新思维及生产管理能力效率低下，成为约束建筑企业发展的一个重要影响因素。长期以来建筑市场较低的准入条件，导致部分建筑企业为了提高企业绩效，盲目地承建大量建设项目却由

于没有完善的组织结构和管理机制，导致项目建设目标难以实现或未达到预期，给经济和行业发展带来了负面影响。

就当前大多数建筑企业产出能效过低的问题，利用互联网技术可以对企业资源信息实现高效管理，优化企业资源结构，为组织结构调整提供规划方案，从而实现资源高效配置和组织结构顺利运行，是企业改变现状的重要途径。同时，依托互联网技术实现的大数据、云计算、物联网等方式提高企业管理能力，实现企业管理构架扁平化发展。

二、企业获取竞争优势的需求

建筑业经历了数十年的发展，已经形成较为完整的产业体系，市场需求量总体趋于平衡。但从建筑企业自身发展的角度来看，企业的竞争优势日渐削弱，企业需要寻求差异化发展，或是提供专一化服务的思路来进行战略调整，从而建立新的竞争优势，维持企业可持续发展。如金融、零售商业、新闻业等受互联网的冲击较大，同时与互联网的关联程度较高，它们能够迅速转变发展战略以适应社会发展需求。而建筑业由于其生产特点的单件性，其作为商品的交易性质完全不同于普通制造行业，建筑行业对于互联网技术的应用程度较低。

互联网是社会经济发展不可分割的一部分，正在潜移默化地影响人们的思维方式，对国家经济社会发展的影响日益巨大。作为国民经济发展的支柱产业，建筑业为推动社会发展、促进经济繁荣做出了重大贡献，大数据、云计算等技术应用为建筑企业提供了信息化平台，使得企业获取信息的能力大幅提升，促进建筑企业转变发展思路。

互联网技术的快速发展使更多企业在经营管理上发生了改变，在建筑业，“互联网+建筑业”的融合发展势不可逆，并且拥有广阔的发展前景和发展潜力。利用开放的互联平台，能够让建设单位、设计、施工等多个项目参与方协同参与项目建设，同时可以实现与金融机构、征信机构、设备及材料供应商等单位的信息共享，改变传统建设过程割裂化的运营形式，提高了企业间的合作效率。

三、资源整合的需求

资源是企业日常运营中的要素，是维持企业发展的关键。资源可分为有形资源和无形资源，有形资源是指原材料、机械设备、资金等直接投入企业运营过程的生产要素；无形资源是指类似于企业人才储备、技术储备、管理体制等指导企业发展的要素，这些要素是在企业长期运营过程中逐渐积累形成的[1]。

建筑企业可以利用互联网对有形资源和无形资源进行整合，实现资源的优化重组。一方面，企业根据原有的资源储备，结合未来的发展目标，利用互联网技术可以优化有形资源的配给方式，有助于企业管理层在战略转型上的理性决策。另一方面，企业根据新的资源配给情况，可对企业的生产流程、管理组织进行优化。

四、提高企业管理能力的需求

企业的管理能力决定着企业内部组织和运行机制的效率，管理效率在一定程度上决定了企业的发展速度。同时，管理能力是企业在长期运营过程中形成的一种综合能力，其他企业难以学习模仿，因此，企业应该将管理能力作为寻求差异的一个方面建立竞争优势[2]。互联网背景下要求企业向高效集约化转变，而高效集约的工作方式成为企业核心竞争力的关键，很大程度上决定着企业的可持续发展。

长期以来，建筑企业采用的管理模式是对生产要素进行简单重组，未从系统性的角度进行优化组合，生产要素提高产能的效果不明显。互联网技术的应用在很大程度上能提升建筑企业的管理能力，例如管理数据库的建立提高了生产过程的协调性；同时，将互联网思维融入企业，有利于转变企业的管理理念。在互联网背景下，建筑企业内部的组织架构扁平化发展，高效管理是企业未来发展的必然趋势。

五、企业敏捷生产的需求

客户需求逐渐趋向于多元化、个性化、定制化，多样化的客户需求影响建筑市场的产品类型结构，传统的管理方式已经不适应企业的发展，根据客户需求调整生产方式是建筑企业战略转型的策略之一。企业需要利用互联网的优越性，对外界各种变化做出快速反应，调整企业战略决策。由于目前我国多数建筑企业的生产方式和管理理念、管理模式在一定程度上形成了固化，面对企业外界条件的变化无法快速调整。因此，建筑企业要在互联网背景下培养自身的敏捷生产能力，以应对企业内外部环境的变化。

随着互联网技术的发展，企业的敏捷生产能力得到大幅度提升。例如，运用BIM等计算机辅助技术对施工过程进行模拟，能够为项目管理起到预测指导作用，提高生产过程产生的目标偏差、项目变更处理的效率，提高生产过程优化的敏捷程度。建筑企业在生产或经营过程中采取相应的互联网技术后，在生产及管理效率等方面都有了较大的提升。

六、行业发展状况的需求

与先进制造业相比，我国建筑业主要依赖资源要素投入和大规模投资拉动发展，劳动密集特征明显，资源消耗大、科技创新能力不足等问题突出。自2011年以来，建筑业产值利润率（利润总额与总产值之比）一直在3.5%上下徘徊。国家统计局数据显示，2020年，全国建筑企业实现利润8303亿元，比上年增加23.5亿元，但增速仅为0.3%，较上年相比降低2.6个百分点。2020年建筑业产值利润率为3.2%，比上年降低了0.2个百分点，连续四年下降。

2020年建筑业产值达到26.4万亿元，比上年增长6.2%，增速比上年提高了0.6个百分点，在连续两年下降后出现增长。分析可知，建筑业传统建造方式和管理组织模式受到较大冲击，粗放型的发展模式难以为继。同时，国家大力推行建筑工业化、数字化、智能化升级，加快建造方式转变，推动建筑业高质量发展，建筑企业发展既面临机遇，也面临诸多挑战。传统的企业管理方式已经不能适应复杂的市场环境和行业高质量发展的需求，需要建筑企业利用互联网思维，提高迭代创新能力，增强组织学习能力，充分利用大数据、物联网技术对企业的生产模式进行优化，确立建筑企业在当前环境下的发展战略。

七、社会环境的影响

消费者对建筑产品的功能性需求日益提高，企业在生产技术上的创新以及产品质量标准的提高逐渐成为必然的趋势。随着各行业对于互联网技术的应用日趋成熟，建筑产业互联网化将成为整个行业发展的重中之重。

随着经济社会条件不断向好，建筑行业互联网化的发展势在必行。建筑企业实现互联网化战略转型，对于改善行业发展状况、实现供给侧结构性改革、推动社会进步将起到积极的促进作用。

第二节　建筑企业互联网能力的理论界定及战略转型的目的

在新经济发展模式下，建筑企业的传统竞争优势逐渐被削弱，行业发展相对滞后，企业生产能效逐年下降，结合互联网思维运用互联网技术促进企业实现创新驱动，推动建筑企业转型发展，是新时代实现建筑企业战略转型的重要路径。

互联网思维是指在大数据、云计算等互联网技术的支持下，企业将互联网价值充分融入经营管理过程，并推动企业生产、市场变化、企业价值链以及商业生态发展的现代化管理模式。为构建企业新的竞争优势，利用互联网对企业的生产结构进行变革，优化组织管理，实现企业现代化发展。因此，建筑企业的战略转型可以从企业组织结构、经营模式、创新模式、生产体系四个方面推动其互联网化进程[3]。

一、建筑企业互联网能力

（一）建筑企业互联网能力的定义

李克强总理在第十二届全国人大三次会议上的政府工作报告中首次提出“互联网+”行动计划。报告中指出：制订“互联网+”行动计划，推动互联网与其他产业结合，促进工业互联网和互联网金融健康发展。

但部分建筑企业因思维和技术的固化，阻碍了其在互联网技术下的发展和战略转型，特别是建筑市场中的中小型建筑企业没有能力顾及互联网能否为企业带来更多效益。在这一过程中，企业能力研究是企业战略的重要组成部分，但对于企业互联网能力的运用和分析，国内外学者的研究则相对较少。目前理论层面还没有明确的定义。基于建筑企业的视角，结合竞争优势理论对“建筑企业互联网能力”进行定义：建筑企业运用互联网技术为自身在管理思维、资源获取、技术更新进步等生产经营过程中带来颠覆性改变的能力，并形成竞争优势。

（二）建筑企业互联网能力的内涵

互联网是“技术中立”的高新技术产物，具有渗透到其他技术及产业的功能。目前，在没有明确互联网能力定义的情况下，国内外学者对于企业信息技术能力这一概念已经有较多的研究和学术探讨。Venkatraman（1994）首次将信息技术运用于组织转型路径研究，认为信息技术已经成为转型过程的关键环节，对推动转型具有积极、创新性的作用。Hitt 和 Brynjolfsson（1996）运用统计学方法对IT客群的组织结构进行分析，认为合理运用IT技术做出更好的决策，可以减少企业战略转型对其结构的影响。Bharadwaj（2000）还将互联网能力归结为IT技术、IT人力、IT关系三类，通过对三种能力的合理规划以便将互联网技术更好地运用于企业战略转型。Wade ulland（2006）提出互联网技术的能力资源可根据作用形式进行划分，这些能力作用在企业的绩效关系上表现不同的影响机制，为企业战略转型提供决策依据。对于互联网战略转型的研究，也多数停留在信息技术与战略转型层面。虽然信息技术能力与互联网能力之间存在较多交叉联系，但是互联网能力是以信息技术能力为基础而存在的，不能将互联网等同于信息技术。

综合对信息技术能力的相关研究，包括信息技术的概念、内涵、组成要素、测度体系等研究结果，本书认为，建筑企业互联网能力的内涵需要从宏观层面和微观层面理解。从宏观层面，建筑企业互联网能力主要表现为导向性，建筑企业寻求互联网技术的应用是为了从根本上改善建筑行业当前发展缓慢的态势，为建筑行业高新技术应用水平的提高构建一个新的模式导向，提高我国建筑行业整体发展水平。从微观层面，建筑企业互联网能力主要表现为实践性，通过互联网构建企业核心能力，使企业管理、创新、生产等运作过程的操作能力得到实质性的提升。

二、建筑企业战略转型目的

互联网技术的发展改变了建筑行业的竞争格局，建筑企业只有转变发展思路，进行战略转型，才能在互联网环境下形成自身的竞争优势。对于建筑企业，战略转型的目的主要包括以下四个方面：提高企业与投资方互动能力、提高企业迭代创新能力、增强组织学习能力、提升企业资源管理能力。在实现这四个转型目的之前，企业需要充分利用互联网，建立企业管理的集成数据网络；在将互联网应用于经营管理过程的同时，便于企业将市场网络、生产资源网络、人力资源管理网络、施工技术网络有机地结合，从而提高企业管理效率，优化企业生产方式，最大限度地提高企业生产效能。

（一）提高企业与投资方互动能力

互联网的出现改变了传统的信息传递方式，提高了企业间的信息交流能力。在建筑行业，随着信息获取越来越便捷，建筑企业对于信息也有了新的需求。

在传统信息交流模式下，建筑企业与投资方的沟通效率较低。例如对于建设单位，建设过程中需要对项目建设过程进行控制，但由于时间和空间的限制，对项目建设过程的了解程度不高，信息的不对称使得建筑企业难以满足项目建设的差异性需求。

建设单位与建筑企业的互动以建筑产品供需关系为主。随着互联网技术在工程建设上的不断应用，提升了工程建设各参与方联合互动的能力，各参与方对工程建设的各项资料在共享平台进行交流和传递，减少了繁杂的线下沟通活动，提高了工作效率；同时，针对项目实际情况的反馈，建设单位可以及时做出更加准确的决策，加强了对项目的把控能力。高效的互动能力也将有效提高资源利用率，提高建筑企业的生产效率及实物产出，为建设单位带来更多的投资回报，从而增强其二次投资的信心，对企业的发展产生促进作用。

（二）提高企业迭代创新能力

创新是企业创造附加价值最根本的动力，关乎企业的兴旺。同时，站在竞争战略的角度，企业的创新能力与获得的竞争优势息息相关。在互联网环境下，客户的需求得到了更广泛的重视，建筑企业的创新过程需要根据建设单位的实际需求，围绕业主需求展开创新，在实践中体现价值。

企业在进行迭代创新前应考虑创新是为了满足顾客需求，还是为了企业未来发展？前者倾向于向市场倾斜，依据市场动向调整企业创新策略以及与创新相联系的程序，如组织学习和资源管理等方面；后者则是强调企业迭代创新的重要性，通过迭代创新影响企业的运维模式和创新思维[4]。在当前环境不确定因素逐渐增多的情况下，许多企业的流程效率低下，常常通过循环探索试错的方式实现企业科学创新和市场运维的结合[5]。国内学者董洁林和陈娟以小米公司为例，分析了小米公司产品创新的迭代方式，认为拉近企业与客户距离进行创新的迭代循环能够有效地提高企业创新效率，这与互联网思维的“用户至上”理念十分契合[6]。

互联网创新思维为企业带来强烈启发甚至是颠覆性的改变。建筑企业实现互联网环境下企业战略转型，实施企业创新战略，需要企业不断沟通、学习，不断创新思维。同时，企业需要根据实际研发需求投入必要的人力、财力和物力，为创新活动提供有力支撑。

（三）增强组织学习能力

企业的战略转型需要组织学习成果作为支撑，而学习成果则来源于企业发展中经验和知识的长期积累，而在知识型发展要求下，组织学习能力的强弱已经成为衡量企业转型成功与否的重要条件之一。

在互联网时代，学习型组织作为新的企业管理方式而存在，其目的在于推动企业通过组织学习保持不断发展的态势。同时，利用互联网便捷的特性，培养员工快速吸收学习成果的能力，营造企业持续学习的管理氛围，以适应时代发展的需要，推动企业进步。提高企业的组织学习能力，首先，要从培养个人学习能力开始，对企业员工定期进行培训教育。其既考虑组织目标的实现，又考虑员工的个人发展，重视自主学习的过程，在组织中树立“工作学习化，学习工作化”的理念。其次，需要企业提高团队凝聚力，加强团队管理，完善激励约束机制等制度，积极促进个人学习成果向组织学习转化。

（四）提升企业资源管理能力

企业的资源包括有形资源和无形资源，是指企业所拥有的、可控制或可利用的、能够帮助企业实现其经营目标的各种生产要素的集合，如企业所拥有的资产、能力、信息、人才、知识产权等。部分国外学者的研究认为，企业的运营是资源整合的结果，而不是产品和市场的集合。因此，企业资源是企业正常生产运转至关重要的因素。

随着科技的发展、建筑市场需求的变化，建筑企业应注重对企业资源的研究。国外学者Hoskisson提出基于企业资源的竞争理论，该理论指出企业竞争优势下滑、市场效益降低是由企业内部因素造成的，而不是由外部市场结构导致的[7]。该观点改变了人们对企业管理责任缺陷的认识，使人们逐渐了解到企业资源对于企业正常运作的重要性。

利用互联网对企业资源进行管理，调节企业资源分配。依靠互联网技术有利于实现资源的合理配置和利用，以此来达到优化整合企业资源要素的目的，优化后的资源配置效率远高于建筑企业依靠生产经验而获得的结果。在大数据背景下，建筑企业应积极建设企业信息化平台，对资源信息数据进行有效整合，从而为企业战略转型提供强力支持。

第三节　建筑企业战略转型的内容与成效

在互联网背景下，企业竞争优势的发展需要新的元素参与。建筑企业战略转型内容包括企业组织重构、商业模式创新、创新模式的转型和生产体系的转型四个方面。建筑企业战略转型的最终成效，则表现为提升建筑企业的竞争优势，包括成本、技术、价值、资源四个方面的优势。

一、战略转型的内容

（一）企业组织重构

组织结构是企业管理运营的重要板块，对企业发展运行有着重要的影响。通常，企业组织结构的框架需要根据企业内部各要素之间相互关联的表现形式，通过科学系统的管理手段进行构建，其内部关系要素复杂。亚当·斯密在《国富论》一书中首次提出了劳动分工的观点，并系统阐述了劳动分工对提高劳动生产率、提高产值积累的重要作用，该观点即为著名的“分工理论”。按照亚当·斯密的理论，若企业内部的人力资源管理按照有利的生产条件进行生产分工交换，使得企业内各类资源、劳动力、资本等都能以最有效的方式被利用，将会大幅度提升企业劳动生产率。以“分工理论”为基础的企业组织管理思想以及由此层面延伸发展的职能型组织架构，是自第一次工业革命以来最重要的组织管理构架之一，经过不断演化和发展沿用至今。传统的职能型组织架构按照分工的思想，按职能划分的各个部门只负责该部门的具体内容，并希望以此来提高整个企业的运作效率。显然，这种组织架构模式在当时的工作环境下产生了显著的效果，使各个生产要素最大化发挥了其作用。

在建筑企业的组织管理模式中，职能型组织被广泛使用。其主要优点为分工明确、员工沟通便利、责任权限清晰等。由于建筑企业生产过程分工明确的特点，职能型组织在其企业组织管理上体现了一定的优越性。然而，随着经济快速发展和组织构架向多元化延伸，物质资料及行为思想的发展使企业组织管理面临更大的压力。

自改革开放以来，国内经济飞速发展，建筑业“从无到有”的低层次需求很快得到满足。不同规模的建筑企业不断涌现，建筑业市场由卖方市场转变为买方市场[8]。建设主体对建筑产品内在要素多样化、个性化的需求，以及建筑企业对建筑产品本身的附属属性（如建筑规划分析、建筑后期维护服务等）的需求日益增加，市场产能饱和，竞争日趋激烈，以及生产技术更新加快等形势变化，传统的建筑企业组织模式已不能适应以“顾客、竞争、创新”为主要特征的建筑市场环境。

在此基础上，为解决“互联网+建筑企业”战略转型中企业组织问题，通过对当前研究文献资料的归纳整理，提出基于企业业务流程重构（BPR）的观点。国外学者迈克尔·哈默指出，解决公司竞争困境的根源问题在于业务流程，而不是企业组织结构。但他还指出，尽管从流程的重新设计开始，但是并不以流程重新设计而告终。作为一个人工系统，企业管理系统必须遵循“目的（目标）—功能（业务职能）—载体（组织）”这一人工系统形成的一般性逻辑规律[9]。

对于BPR基本思想下的企业组织重构应着重体现的内容如图4-1所示。

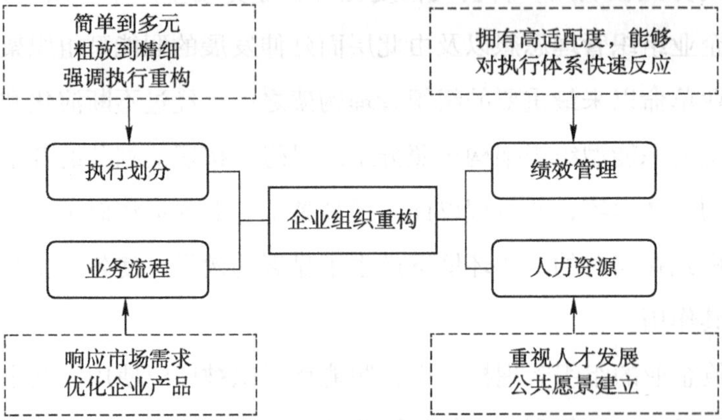

图 4-1　企业组织重构要素

1. 执行划分

互联网思维下的企业组织，提倡高效整合、多点合一的思路，通过对建筑企业进行生产执行划分，划分后的组织结构具备更高效的生产执行能力及沟通交流能力，有利于达到提高产品质量、为组织重构奠定基础的目的。

2. 业务流程

流程小组是企业生产管理中的基本单位，与生产执行划分不同，流程小组不存在刚性部门，其流程本身也不具备刚性的特点[8]。利用互联网技术，提高与建设单位互动效率，转变开展业务过程中的惯性思维，目的是为建设单位提供更好的服务。

3. 绩效管理

虽然绩效管理本身不属于企业组织重构的内容，但是对重构后的企业组织运营成果，需要一套成熟的绩效测评体系，评价整个企业的运维管理效果，从而能够发现问题并有利于解决问题。而随着企业组织结构的变化，与之对应的绩效管理体系也需要借助互联网思维重新构建。

4. 人力资源发展

人力资源是企业的第一资源，建筑企业需要根据互联网环境的时代背景，摒弃传统人力资源管理理念，重视依靠人才实现高质量发展。建筑企业决策层也需要创新发展方式，通过互联网思维来弥补原有激励约束机制的不足，转变人力资源管理理念。

总的来说，互联网环境下的建筑企业需要转变发展思路，摒弃传统劳动密集型促进产出效益的生产模式，重视和实现科研创收。同时，建筑企业为适应日趋激烈的竞争环境，需要逐步优化组织发展结构，在企业内部组织管理中充分运用扁平化组织优化管理流程、改善管理效果。

（二）商业模式创新

商业模式是建筑企业盈利必须考虑的重要因素，近年来以互联网为代表的新兴技术的涌入改变了建筑企业传统的生产手段及相对稳定的行业发展情况。智能化水平较低的建筑企业的价值体系受到了较强的冲击，不仅是生产方式和管理理念相对落后，其商业模式同样受到较为严重的影响。建筑企业的战略转型升级迫在眉睫，与企业生产管理的改变相同，在互联网环境下，建筑企业对于自身的商业模式的变革同样具有重要意义。

总结大量研究资料可以发现，企业商业模式创新逐渐成为国内外学者关注的重点，但是现有的研究大多数关注企业商业模式创新的问题以及企业外部因素对于商业模式创新的推动因素。当前，亟须从企业内部视角讨论互联网技术对于建筑企业商业模式创新的作用。企业对于商业模式的创新是为了能够让企业获得市场优势，而商业模式的创新需要对企业内外资源进行有效的组合配置，探寻符合企业当前环境的商业模式。在互联网思维的引导下，将改变企业组织管理结构，逐步推动企业发展与战略转型。探究互联网环境下企业商业模式需要根据上一层的能动因素分析影响企业内部组织的互联网能力，而目前对于此方面的研究关注度还不够。

互联网等新技术的引入，能提高建筑企业生产发展的边际报酬，使得建筑企业绩效显著提升。不同于现有新兴电子商务业、制造业等拥有大量顾客群体的产业，研究建筑企业的商业模式需要针对建筑企业投资方单一化、个性化的特点。对于研究建筑企业的商业模式创新，郭攀认为，对于建筑企业战略转型需要结合比较成熟的战略管理理论，从企业商业模式创新的逻辑框架出发（例如“资源—能力—行为”框架），从中找到突破口研究建筑企业的商业模式[10]。从近些年建筑企业发展的实践结果来看，经济信息化的发展使得互联网技术对于企业重构商业模式、打造企业新形势下的核心竞争力具有关键作用。随着大数据、区块链、云计算等互联网技术的不断发展，建筑企业利用信息化技术寻求发展的同时，要充分体现自身的竞争优势，凭借价值优势支撑企业进行运营模式的创新，探索新的价值点，进一步提升企业自身价值优势是必要路径。商业模式创新的内容如图4–2所示。

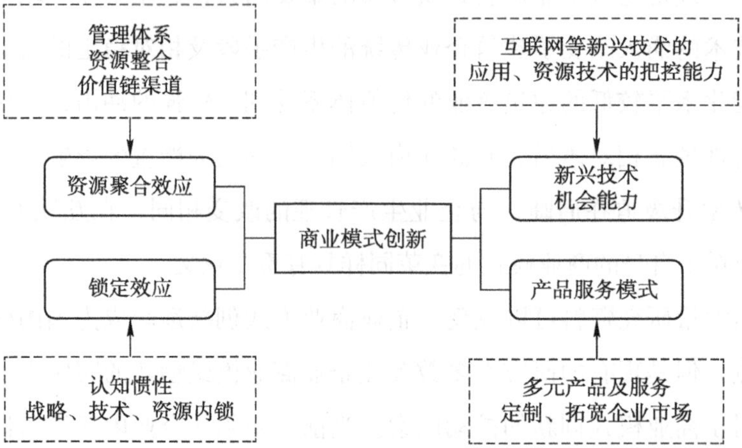

图 4–2　企业商业模式创新要素

1. 资源聚合效应

建筑企业以自身的品牌效应获得较可观的经济效应，从而获得社会认可，资本、人力等资源涌向企业，这就是资源聚合效应。具有一定规模和社会影响力的建筑企业可以借助资源聚合效应，在建筑行业整体发展低迷时维持企业的正常运转或转型需求。利用互联网完善企业管理体系、价值链渠道，促使建筑企业利用互联网的发展进一步拓展企业生产空间，增强资源聚合效应带给企业发展的正向促进作用。

2. 锁定效应

在市场竞争中，锁定效应是指先采用新技术的企业积累了大量的用户，会对较晚进入竞争市场的企业造成不利影响，由于用户迁移需要大量的触发契机，较晚进入市场的企业很难积累到用户从而慢慢退出市场。国内外有学者指出，企业自身的锁定效应会对商业模式的创新造成障碍。传统建筑企业在互联网环境下，应充分发挥企业价值资源的作用进行创新，克服企业自身的认知惯性。

3. 新兴技术机会能力

互联网技术虽是影响建筑企业发展的众多新兴技术之一，但利用互联网可以高效发挥信息渗透作用，对不同新兴生产技术的优势进行整合以提高使用价值。Teece研究指出，企业对于新兴技术的机会发展比较敏感，创新知识吸收能力比较强。企业在引入互联网元素进行商业创新时，需要把握发展契机，利用互联网的优势培育自身转型动力。

4. 产品服务模式

建筑产品及相应的服务是建筑企业开展生产活动的最终产物，而产物的商业交换结果需要以产品和服务的质量为基础。建筑企业要进行互联网商业创新，首先要拥有互联网思维。拓展建筑企业产品服务发展的思维模式，利用互联网为投资方提供多方面的创新产品服务的同时，也需要对产品服务的质量进行控制。

（三）创新模式的转型

创新是企业维持发展的关键，对企业发展具有重要的影响。而传统建筑企业的生产方式、生产流程相对固定，企业管理模式僵化、企业员工知识水平较低等在一定程度上束缚了建筑企业的创新思想，要实现互联网环境下的战略转型，转变创新思维方式是必不可少的重要环节。

相对于大规模的建筑企业，资金约束是制约中小型建筑企业发展的主要问题。而对于整个建筑市场，中小企业在建筑业经济结构中占有非常重要的地位。国内学者管清友等指出，随着经济社会的不断发展，新常态下未来经济格局的主要特点是需求个性化、生产小型化、竞争差异化[11]。不仅是建筑业，在整个国民经济结构中，未来经济发展的过程中中小企业的发展将发挥更为重要的作用。尽管近些年金融机构放开了对中小型企业贷款的限制，使部分企业有了更充裕的资金来源，但是大部分中小型建筑企业都是用于扩张生产规模，以提升企业产值来获取更多投资收益，而将其用于科研创新的占比很少。

在经济全球化的今天，各行业竞争激烈，技术创新是提高企业竞争力的有效手段，通过技术创新使企业更易保持竞争优势。互联网技术在建筑企业创新过程中，可以发挥信息收集、组织学习互动、构建数据库等众多用途并创造可观的经济收益。依靠技术创新不仅能为企业生产带来更高效率，还能有效改善企业管理思想，只有思想和技术的双线变革才能共同推动企业发展。

传统的技术开发模式虽然在一定程度上不会大量消耗企业的成本，但从长期发展的角度考虑，较低的创新投入对建筑企业可持续发展不利，同时与国家提倡的推动高质量发展进程、推动企业创新驱动进程的精神不匹配。传统建筑企业总会陷入片面追求企业生产规模效益的误区，使我国建筑业难以走向量变到质变发展的道路，长此以往，导致我国建筑企业在国际市场竞争中屡屡受挫。

通过对国内外研究成果的归纳整理，结合我国建筑行业的发展情况，将企业创新模式的转型分为四个方面，如图4–3所示。

1. 思维创新

建筑企业要实现生产现代化，其首要任务便是转变传统的产业发展思维。创新型社会环境下市场需求不断变化，企业内部的管理环境也愈加复杂。建筑企业在发展过程中要善于应对新的机遇和挑战，始终保持创新进取的步伐，将思维创新作为指导企业创新驱动的法则。

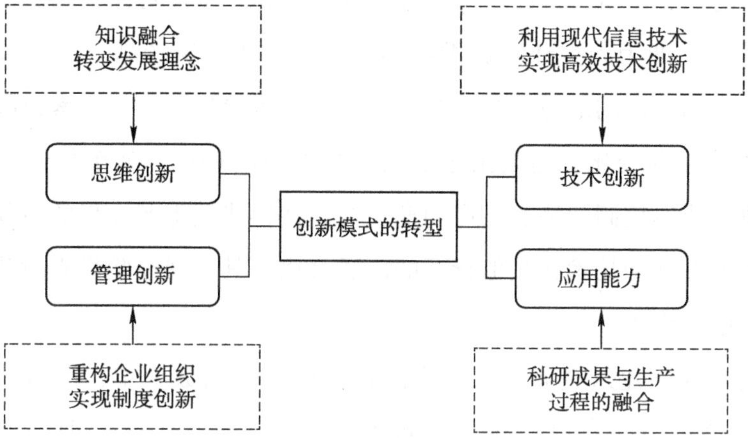

图 4-3　企业创新模式的转型要素

2. 管理创新

技术的创新运用和思维的创新融合，主要是通过管理手段得以实现，管理创新可以有效提升决策层对于关键问题的研判能力，需要建立效率更高的管理体系与之配套。

3. 技术创新

技术创新是联系企业管理思想创新和生产之间的重要桥梁，企业仅有创新思维而不寻求实际生产技术创新，便是纸上谈兵；如果没有创新思维，仅有技术创新，则不能发挥其最大化的效益，两者相辅相成。

4. 应用能力

企业创新成果的转化是否能够对实际生产起到提升作用，关系到企业在创新模块上的投入占比。通过计算机模拟技术、互联网、云计算技术等信息新兴技术的交叉运用，实现创新技术模拟、生产过程模拟等流程可视化、智能化，并协助技术创新成果转化，从而能更快更好地应用到企业实际生产过程。

（四）生产体系的转型

建筑产品的生产体系是指建筑企业的体制、经营、生产、组织管理等企业的运转形态及运转方式的系统[12]。自人类文明出现，建筑的发展便逐步成形。远古时期的建筑生产活动与现今大规模的建筑生产对比，两者的目标从未发生改变，即为人类社会提供更加符合需求的建筑产品。经过长期的发展，建筑产品生产的形态、组织管理、生产技术等建筑生产要素也随着人类社会进步而逐渐变化。但是由于建筑产品本身的特点，如单件性、体型巨大、质量及成本控制严格、生产周期长等，使得建筑生产过程的更新速度缓慢。但随着互联网技术在其他行业的广泛应用，其发展经验势必对建筑业起到一定的引导作用。

目前，我国建筑企业传统的生产体系已经沿用数十年，面对技术更新和现代社会的市场环境存在很多问题，如生产过程中能源消耗较大，容易造成一定程度的资源浪费；环境污染比较严重，安全、质量、投资等指标得不到有效的控制等。如何转变行业发展态势，建立新的生产标准，既需要政府有关部门对建筑行业进行规范化管理，也需要完善建筑生产体系。

随着建筑工业化的逐步推进，建筑业粗放式的生产模式已经不能适应社会发展需求。以建筑工业化为契机，互联网技术的渗透为建筑生产模式发展提供了新思路。完善建筑企业互联网技术的应用，未来的建筑生产必定以信息协同为主旋律，建筑企业作为关键角色，将承受来自投资方和市场的压力，因此需要尽量简化建筑生产和信息交流的程序，使建筑生产过程向高效低耗的方向发展。利用互联网的协同能力及大数据、云计算等新兴技术，提升生产效率，构建高效的生产体系。

在对国内外现有的研究成果进行整理后，结合当前国内建筑企业的情况，将互联网环境下建筑企业生产体系的转型分为四个方面，如图4-4所示。

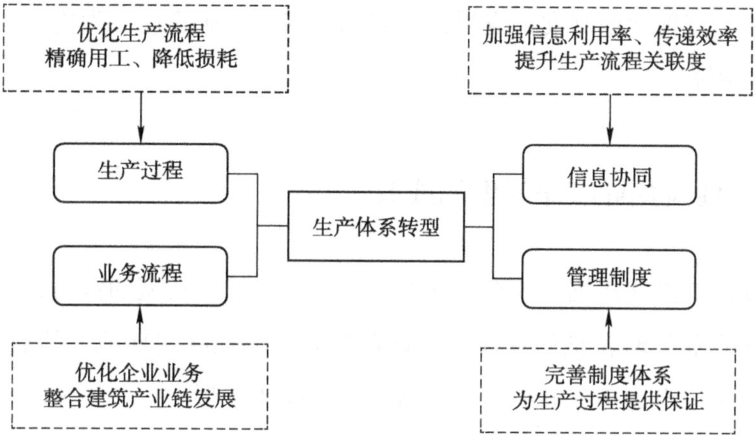

图 4-4　企业生产体系的转型要素

1. 生产过程

粗放式的生产模式，造成资源大量浪费、环境污染、效率低下。建筑企业采取的以大规模人力投入达到生产目的的方式在如今人口红利逐渐消失的时代已经难以为继。需要充分利用互联网的信息渗透优势，逐步优化建筑企业的生产过程，提高劳动力生产效率，在生产环节破除单位劳动力产能低下的壁垒。

2. 业务流程

业务流程涉及与投资方的互动，同样属于生产体系的一部分。与投资方高效的业务互动能提高生产效率。借助互联网，企业的业务流程可以充分得到整合，业务流程的完善对于建筑企业产业链的发展同样发挥着重要作用。

3. 信息协同

建设项目的进行需要企业内外进行大量的信息沟通，企业拥有高效的信息协同能力将提升生产效益。通过互联网构建企业内部信息系统，提升信息获取效率，减少信息传递失真，降低协同成本，从而达到优化生产体系的目的。

4. 管理制度

生产过程需要在有效的管理制度保障下才能有序进行，生产方式的创新同样需要配套创新的管理制度才能保证其高效运行。企业根据互联网转型的发展要求，完善管理制度，应用互联网工具进行企业管理，为优化生产体系提供制度保障。

二、建筑企业战略转型的成效

通过逐步提升建筑企业在互联网环境下进行战略转型的能力，可以有效达成建筑企业战略转型的目标。建筑企业为实现互联网环境下的战略转型，主要从企业组织重构、商业模式创新、创新模式转型、生产模式转型四个方面推进。

在互联网能力的驱动下，建筑企业战略转型势必形成一定的发展优势，衡量转型的成效需从战略转型的根本目的出发，即竞争优势。从竞争优势角度解析战略转型的成效，可以深入挖掘转型过程的影响因素和转型成功后优势的具体表现。竞争优势主要来自四个方面：不同维度的成本、企业拥有的专业知识及技术支持、企业自身价值及市场影响力、借助更多的资源或者更多的投入提高市场影响力。基于此，相继提出与之对应的四种具体的竞争优势，即成本优势、技术优势、价值优势、资源优势。本部分主要通过这四种竞争优势，对建筑企业战略转型（表4–1中简称“转型”）的成效进行初步分析，详见表4–1。

表4–1　竞争优势维度对照表

优势	含义	维度	与转型成效之间的联系
成本优势	企业生产运营过程中对成本利用的优势	创新成本	创新成本的投入占比将间接影响企业的盈利效果，如何使收益最大化，在互联网时代的企业管理中需要具体研究投资占比高低
		生产成本	生产成本的控制直接关系企业盈利水平，转型成效好，则能降低生产成本，提高企业产品附加值
		管理成本	管理成本作为企业生产的间接投入，直接关系企业运营管理过程，在对管理成本进行更细致优化的情况下，企业有机会获得良好的转型成效
		信息成本	信息成本作为互联网时代的一项优势成本，是企业利用互联网技术进行转型的一项重要因素

续表

优势	含义	维度	与转型成效之间的联系
技术优势	企业对于生产运用的较高技术含量的优势	信息响应速度	互联网时代提升了信息获取能力，信息响应速度也可以作为评价战略转型成效的一项指标
		创新效率	建筑企业需要摆脱创新困境，创新效率将是评价转型成功与否的重要指标
		产品品质	能够为投资方提供更好的建筑产品是成功完成转型的重要目的之一
		设备优势	拥有良好的设备优势将助力企业获得更好的转型成效
		工艺技术优势	直接影响产品品质，进而表现为转型成效
价值优势	企业能够创造更大的价值优势	价值链	推动了企业价值链的发展，促进企业获得竞争优势，使其具有较好的转型成效
		市场占有率	通过企业市场占有率的提升反映转型成效
		投资回报率	企业的投资回报率越高，表明转型效果越好
		企业利润	企业利润是直接衡量转型成效的指标
		企业社会知名度	转型良好的企业，重视企业社会影响，是企业发展的重要组成部分
资源优势	企业对于自身内外资源利用的优势	资源认知度	充分理解资源内涵将有助于企业转型
		资源利用率	能够突出资源的价值并能有效提高其利用率的企业，将更能够充分发挥资源带来的优势，影响转型的结果
		资源稳定性	资源的持续稳定性是衡量资源优势的指标，间接影响转型的成效
		资源管理	进行资源的优化管理将帮助企业获得良好的转型成效

参考文献

[1] 柯建峰.基于互联网能力的传统制造企业战略转型研究[D]. 武汉：武汉理工大学，2017.

[2] 张向礼.大型施工企业战略转型的动因与方式[J]. 企业改革与管理，

2014（1）：20–21.

[3] 张璎.互联网背景下广东省制造业转型升级路径研究[D]. 广州：广东财经大学，2015.

[4] 朱晓红，陈寒松.互联网情境下市场导向型创业企业迭代创新的作用机制[J]. 管理案例研究与评论，2016，9（2）：136–149.

[5] FURR N.，AHLSTORM P.Nail it then scale it[M]. Lexington：NISI Publishing，2011.

[6] 董洁林，陈娟.无缝开放式创新：基于小米案例探讨互联网生态中的产品创新模式[J]. 科研管理，2014，35（12）：76–84.

[7] HOSKISSON，R E . Theory and research in strategic management：Swings of a pendulum[J]. Journal of management，1999，25（3）：417–456.

[8] 廖吉林，刘建一.基于BPR思想的企业组织重构研究[J]. 技术经济与管理研究，2010（2）：98–101.

[9] 迈克尔·哈默，詹姆斯·钱皮.企业再造：企业革命的宣言书[M]. 上海：上海译文出版社，2007：25–31，63–64.

[10] 郭攀. 技术变革背景下建筑业在位企业商业模式创新实现机理研究[D]. 重庆：重庆大学，2018.

[11] 管清友，高伟刚.互联网金融：概念、要素与生态[M]. 杭州：浙江大学出版社，2016：143–199.

[12] 赵飞.工业4.0进程中制造业生产模式的时空分析[D]. 北京：北京交通大学，2016.

第五章 | 我国建筑企业战略转型中互联网能力的测度

本章根据“建筑企业互联网能力”的基本概念，从四个方面构建测度的一级指标体系，从构成要素及具体内容对建筑企业互联网能力进行深入分析，对四个一级指标下的若干个二级指标进行关联分析，进而构建建筑企业互联网能力测度指标体系，并建立模糊综合评价模型用于实际案例分析。其研究思路如图5-1所示。

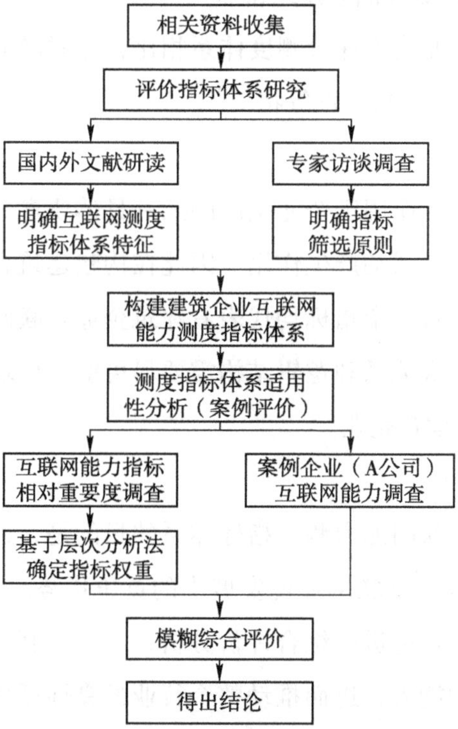

图 5-1　建筑企业互联网能力测度研究路线

第一节 建筑企业互联网能力测度指标体系

构建互联网能力测度指标体系是研究建筑企业互联网能力的重要内容，且对探究互联网环境下建筑企业战略转型有着较为重要的意义。对建筑企业的互联网能力进行综合评价，其评价结果的分析结论将直接影响企业战略转型作用机理的研究。因此，根据建筑企业发展情况及互联网环境两个重要因素，并结合现有研究成果，构建符合建筑企业发展实际的指标体系，可有效测度建筑企业的互联网能力。

一、互联网能力测度指标体系特点及构建原则

（一）互联网能力测度指标体系特点

与常规的建筑企业能力评价测度体系相比，互联网能力的测度指标体系具有系统性、综合性、可持续性等特征[1]。

1. 系统性

互联网能力并不是作用于企业生产的某一具体要素，而是对企业的内外部要素和各种生产经营活动产生作用。因此在构建建筑企业互联网能力测度指标体系时，构建的每一个指标均代表着建筑企业互联网能力在某一具体方面的影响，指标的层次关系和逻辑结构需要尽可能地体现系统性，才能使测度体系更好地适用于建筑企业。

2. 综合性

构建建筑企业互联网能力测度指标体系的目的是，通过测度结果，制定有效的措施，形成其在互联网环境发展中的竞争优势。从综合性角度考虑，需要结合整个建筑产业链进行综合评价分析，从而有利于测度建筑行业内各建筑企业相互协作的能力，进而推动整个行业的良性循环发展，使建筑企业获得战略转型带来的最大化利益。

3. 可持续性

互联网发展的特点是技术更迭迅速，因此企业领导层思维也应与时俱进，才能利用好互联网技术以便维持企业的竞争优势。互联网技术在建筑领域的应用起步较晚，因此在构建建筑企业互联网能力测度指标体系时，不仅要考虑建筑企业具有的竞争优势来源，而且要结合动态发展理论考虑企业发展是否具备可持续性。同时，需要依靠部分指标预测企业未来的发展趋势，以保证利用互联网能力优化企业战略的持续性[2]。

（二）互联网能力测度指标体系构建原则

互联网能力测度体系是一个复杂系统，凭借系统中众多映射面来体现企业战略转型的价值。构建测度体系不仅需要将企业互联网能力进行合理量化，而且需要运用科学手段和标准规范，尽可能消除测度过程的主观性因素对研究的影响。因此，构建建筑企业互联网能力的测度指标体系过程应遵守科学性、准确性及严谨性等基本要求。

根据建筑企业互联网能力的特点，结合建筑企业战略转型的目的，在构建测度指标体系时应遵循以下原则。

1. 投资方需求导向原则

投资方作为建筑产品供应链所服务的最终顾客，它对建筑产品的需求和服务反馈是保证供应链顺利运行、建筑企业发展的基本动力[3]。在互联网环境下，投资方需求刺激了建筑企业改变原有发展战略向高效率、高产值方向发展，不断提高自身生产水平为投资方提供更高质量服务。这种双向供给与相互依存的情况促使企业产生新的竞争优势，其主要作用来源于企业利用互联网能力不断适应投资方需求的能力的综合提升。因此，在构建互联网能力测度指标体系时，应充分考虑投资方需求导向对互联网能力的影响。

2. 科学性原则

为了准确客观地反映互联网能力对建筑企业生产和运维产生的影响，测度指标应该具有较强的代表性，并通过科学合理的方法筛选指标和梳理逻辑结构。通过相对客观的数据尽可能反映研究对象的真实情况，综合考虑适用于不同类型建筑企业的测度指标并清晰定义指标之间的关系，避免主观臆断和随意性的指标设置导致测度结果失真。

3. 可操作性原则

构建互联网能力测度指标体系的目的是通过定性和定量相结合的研究方式对建筑企业的互联网能力进行科学评价，并将其结果作为建筑企业战略转型机理研究的重要基础。这要求测度指标能够满足统计数据处理、结果比对、仿真检验等基本要求，即选取指标具有一定可获取性和可操作性。因此，测度指标体系的构建应避免过于烦琐，应选取较为精练的测度指标[4]。

4. 针对性原则

研究建筑企业互联网能力的目的是推动建筑企业在互联网环境下的战略转型，逐渐形成企业特有的竞争优势。因此，为了客观反映互联网能力对建筑企业生产和经营管理产生的影响，测度指标体系内部各层级的目标应密切联系，确保所构建的测度指标体系能够针对性地解决问题。

5. 适度性原则

利用指标体系进行实际评价时，有效的测度指标体系其内部既不宜过于复杂，也不能过于简单；若过于简单，则无法满足互联网能力测度的准确性和真实性要求；若过于繁杂，则会增加指标测度困难程度并降低分析效率，且容易出现误差，导致整体测度效果不佳，不能真实地反映建筑企业互联网能力的实际状况[5]。因此，测度指标体系需要精练适用，有效降低因杂项干扰和超额测算导致错误结果出现的可能性。

二、建筑企业互联网能力测度指标筛选

在构建企业互联网能力测度指标体系时，应对国内外关于企业信息技术能力方面的研究成果进行分析，并充分考虑建筑企业与互联网之间的相互兼容这一基本要求。根据前文叙述的互联网能力理论，归纳总结有关建筑企业内部运营情况和建筑企业的互联网能力水平的资料文献。通过专家调查法对

内容进行描述和解释，以提高测度指标体系构建的合理性，依据专家反馈的意见，对测度指标体系进行调整和完善。

分析建筑企业互联网环境下转型动因，得到建筑企业互联网能力的四个维度，将其分别作为评价指标体系的一级指标，即投资方互动能力测度指标、迭代创新能力测度指标、组织学习能力测度指标和资源管理能力测度指标，如图5-2所示。

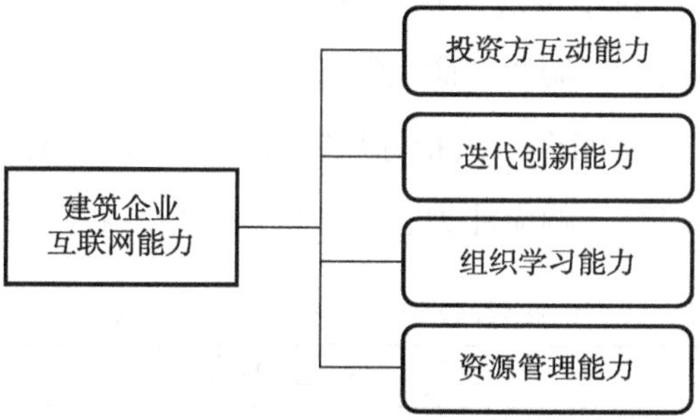

图 5-2　建筑企业互联网能力一级指标框架

（一）投资方互动能力测度指标

互联网平台的发展使企业以客户为中心的经营方式以及根据客户对产品需求的信息反馈进行策略调整等行为都发生了重大的变化。在建筑业的市场结构中，投资方作为整个行业链中的“顾客”，在传统经营和发展模式下与服务提供者（包含施工、设计、勘查、咨询等企业）的沟通互动效率低下。随着经济社会的发展，投资方要求获取更高质量的产品和服务，而建筑企业依靠传统的经营手段和发展模式难以满足投资方的需求，双方矛盾形成。

随着互联网技术不断普及和大数据平台日趋完善，传统建筑企业的生产运作方式使投资方与建筑企业之间的矛盾日趋激化。通过互联网信息手段可增进建筑企业与投资方的互动沟通，并实现建筑产品及服务高质量发展。建筑企业为投资方提供所需产品和服务，不仅可以通过投资方的良好反馈增加建筑产品的附加值，还能不断鞭策建筑企业改进生产技术和提高创新水平。

建筑企业应重视并加强与投资方互动的能力，利用大数据、云平台等互联网技术，提高与投资方的互动效率，依靠投资方的信息反馈及时对“产品”进行优化和调整。通过分析反馈信息改进生产过程和生产技术，优化企业财务流程、企业组织模式，使建筑企业能够持续性地为投资方提供满足其需求的建筑产品与配套服务。建筑产品是多方参与、共同协作的产物，投资方在协作过程中起主导作用，将直接影响建筑工程项目目标的实现。倘若企业不能合理地利用互联网技术增强与投资方之间的互动关系，将难以获得竞争优势，最终难以逃脱被市场淘汰的命运[6]。

根据上述分析，从四个二级指标反映互联网环境下建筑企业与投资方互动的能力，即互动思维、响应能力、价值管理、授权程度，如表5-1所示。

表5-1　建筑企业互联网能力——投资方互动能力测度指标

一级指标	二级指标	
	指标名称	释义
投资方互动能力	互动思维（IC1）	建筑企业通过互联网与投资方建立联系
	响应能力（IC2）	建筑企业运用互联网响应投资方需求
	价值管理（IC3）	建筑企业通过互联网对投资方进行价值评估
	授权程度（IC4）	建筑企业在互联网平台对投资方授权

（二）迭代创新能力测度指标

与其他传统行业相比，建筑业有其特殊之处。譬如在传统制造与服务类行业，依靠互联网技术推动技术创新，为用户提供更好的产品与服务。对这些行业而言，满足用户的个性化需求，为用户提供至上的服务，是推动企业创新的出发点及原动力。而建筑业中，顾客（指投资方）数据通常比较单一，建筑企业依靠传统信息交互模式从客户端获取的需求信息较少，同时大数据技术尚未广泛应用于建筑企业的信息披露，难以和顾客形成良好的沟通。因此，依靠提高创新能力获取更多的客户需求信息是当前建筑企业发展亟须突破的关键点。

在建筑业寻求创新改革中投资方扮演着重要的推动角色。但是创新动力的培育主要来源于建筑企业内部，建筑企业需要走高质量的生产发展模式之路，在此过程中培养创新思维、培育创新原动力，依靠创新实现生产力转变以此提升自身竞争优势。因此对于建筑企业，发展创新能力不仅不能否定投资方的导向作用，还应积极通过与投资方互动来探寻适应企业发展的创新模式，在为投资方提供高质量产品和服务的过程中，实现创新生产力的转化，以此满足建筑企业对获取竞争优势的需要。

互联网环境下，部分企业更新生产技术和管理模式的速度难以跟上信息技术更迭的速度，这些企业大多属于劳动密集型企业，创新型人才储备不足和创新知识匮乏是制约企业发展和转型的关键因素。随着互联网思维的引入和信息技术的改革，对建筑企业实施创新发展提出警示，一味地追求物质产出规模，忽视附加效益，使得企业及行业得不到可持续发展。凭借互联网技术和企业资源融合发展，推进互联网战略转型、走创新发展之路是建筑企业未来发展的主要方向。

因此从四个二级指标反映互联网环境下建筑企业的迭代创新能力，即创新理念、创新投入、科研能力、技术应用，如表5-2所示。

表5-2 建筑企业互联网能力——迭代创新能力测度指标

一级指标	二级指标	
	指标名称	释义
迭代创新能力	创新理念（IC5）	建筑企业的互联网创新理念及意识
	创新投入（IC6）	建筑企业对于互联网下创新过程的投入
	科研能力（IC7）	建筑企业的互联网科研能力
	技术应用（IC8）	建筑企业对科研成果的应用转化能力

（三）组织学习能力测度指标

组织学习能力的强弱关系到企业市场竞争力的表现，忽视组织学习能力的培养，将会导致传统建筑企业难以适应和接受新生事物。在互联网技术快速发展的环境下，若不能及时根据市场环境做出战略调整及思维转变，建筑企业将难以持续发展。

近年来，学习型组织在我国备受企业推崇。企业的发展需要创新，而创新离不开人才支撑。因此，员工及组织的学习是企业不断发展的重要动力。依托互联网的便捷性，企业内部的知识共享与组织学习更为简便，互联网技术的应用也将简化学习过程，更有利于激发员工的自主性，从而使员工个人得到一定程度的提升，提高企业整体知识水平。

与简单依靠技术支持相比，在转变建筑企业重视生产过程而忽略企业文化建设上，提高组织学习能力显得更加重要。首先，企业需要树立学习理念和学习模范，制定独立学习、互助学习、持久学习的战略目标；其次，企业在管理制度及理念上需要及时更新和调整，通过完善激励或约束机制等方式，培养不断学习的氛围。

因此可以从四个二级指标反映互联网环境下建筑企业组织学习能力，即学习共享、开放学习、研习制度、学习愿景，如表5-3所示。

表5-3　建筑企业互联网能力——组织学习能力测度指标

一级指标	二级指标	
	指标名称	释义
组织学习能力	学习共享（IC9）	建筑企业员工及组织共享学习行为的建立
	开放学习（IC10）	建筑企业员工及组织进行开放性的学习
	研习制度（IC11）	建筑企业建立对于组织学习的相应管理制度
	学习愿景（IC12）	建筑企业建立员工学习的公共愿景

（四）资源管理能力测度指标

在建筑企业的日常经营管理过程中，资源管理是重要的管理任务之一。基于资源观的互联网能力其实质是对企业资源进行组合优化和高效配置，从而使资源得到更合理的利用。在建筑企业的传统资源管理框架下，粗放的管理方式和传统的人力资源管理理念使资源难以实现高效转化和利用。建筑企业需要引入互联网资源管理平台完善资源管理系统，同时需要完善企业内部管理制度，普及智能化和数字化管理理念。

推动企业战略转型升级并实现可持续发展，需要互联网思维和技术做支撑。传统建筑企业对于资源的管理和配置没有系统的处理方式和可有效利用的工具，决策层主要依靠积累经验和既有资料判断企业资源情况。依靠互联网技术进行企业资源管理革新，以大数据作为强大的计算分析工具，对企业资源管理优化具有重要作用。同时，企业需要更新管理理念、完善管理制度，并借助企业迭代创新能力和组织学习能力，重塑建筑企业互联网思维，着重提升互联网思维在建筑企业发展中的作用。

将互联网环境下建筑企业资源管理能力分解为4个二级指标：技术支持、推陈机制、员工培训和资源配置，如表5-4所示。

表5-4　建筑企业互联网能力——资源管理能力测度指标

一级指标	二级指标	
	指标名称	释义
资源管理能力	技术支持（IC13）	建筑企业员工利用互联网技术所采用的资源管理手段
	推陈机制（IC14）	建筑企业为保障资源管理过程进行制度更新
	员工培训（IC15）	建筑企业对员工进行互联网应用培训
	资源配置（IC16）	建筑企业运用互联网技术进行资源配置优化管理

第二节　建筑企业互联网能力测度的实例分析

根据建筑企业互联网能力测度指标体系的构建过程，可知影响建筑企业互联网能力的指标体系较为复杂，二级指标数量多，与互联网能力构成要素存在紧密关系。

研究互联网能力测度指标体系评价的过程需要将定性评价与定量评价相结合，从而保证评价过程的合理性。本节采用基于层次分析的模糊综合评价法，选择较有代表性的案例，并对选取案例进行互联网能力测度分析。

一、建筑企业互联网能力测度方法选择

常用的指标体系测度方法种类繁多，不同的评价方法适用于不同的评价对象、数据特征、评价过程。常见的评价方法有模糊综合评价法、层次分析法、ANP网络分析法、蒙特卡罗法等。这些方法的优缺点及适用范围如表5-5所示。

表5-5 评价方法及其适用范围

评价方法	优点	缺点	适用范围
模糊综合评价法	评价结果为一个区间，而不是一个点值，对评价对象可以做出更为贴近实际的量化评价	指标权重矢量的计算过程具有较高的主观性	适合对各种非确定性问题的分析
层次分析法	对定量数据的需求度低，系统分解的方法简单	未考虑到不同决策层或同一层次之间的相互影响	各因素之间、各层级之间没有交叉作用
ANP网络分析法	分析过程中考虑到元素之间的相互关系，对元素之间的关系构成描述更加准确	元素之间关系，计算及决策过程较为复杂	适合元素关系较为简单的评价体系
蒙特卡罗法	方法的误差与问题的维数无关； 对于具有统计性质的问题可以直接解决； 对于连续性的问题不必进行离散化处理	对于确定性问题需要转化为随机性问题； 计算过程较为复杂	评价问题相对单一而确定

由于建筑企业互联网能力指标体系较为复杂，指标均为定性指标，考虑到需要对其进行定量分析，模糊综合评价法的计算原理及解决问题的范围更适合本研究的指标体系量化评价过程。由于模糊综合评价法计算过程需要确定指标的矢量权重，采用AHP层次分析法作为权重确定的计算方法，以满足客观性和科学性要求。

二、建筑企业互联网能力指标评价模型构建

(一)基于层次分析法的指标权重确定步骤

1. 相对重要度判断矩阵

根据相对重要度数据构建互联网能力、投资方互动能力、迭代创新能力、组织学习能力、资源管理能力的判断矩阵,如表5-6所示。

表5-6 相对重要度判断矩阵

A	B1	B2	B3	B4
B1	B1,1	B1,2	B1,3	B1,4
B2	B2,1	B2,2	B2,3	B2,4
B3	B3,1	B3,2	B3,3	B3,4
B4	B4,1	B4,2	B4,3	B4,4

表5-6中,B_{ij}(i=1,2,3,4;j=1,2,3,4)表示在A维度下,指标B_i针对B_j的重要程度[7],在重要度调查问卷中采取了1~5标度法,各标度定义内容如表5-7所示。

表5-7 影响因素相对重要度评价定义

重要度	定义
1	重要度一致
2	重要度稍高
3	重要度很高
4	重要度非常高
5	重要度绝对高
以上各尺度的倒数	反比

2. 权重计算及一致性检验标准

此处运用YAAHP 10.1软件计算指标权重并进行一致性检验,具体步骤如下:

1)输入指标体系:将互联网指标体系输入层次结构模型选项卡。

2)输入相对重要度数据:将相对重要度数据输入判断矩阵选项卡。

根据软件的计算结果得出各判断矩阵的权重向量,记为:

$$W^{(i)}=[W_1^{(i)} \quad W_2^{(i)} \quad W_3^{(i)} \quad W_4^{(i)}](i=1，2，3，4，5)$$

各判断矩阵的一致性比例结果经软件计算得出，记为CR，当$CR<0.1$时，即认为判断矩阵的一致性达到要求。

（二）模糊综合评价模型

1.确定评价因素集合

根据构建的互联网能力指标体系，投资方互动能力、迭代创新能力、组织学习能力、资源管理能力四个一级指标记为$U^{(i)}(i=1,2,3,4)$，构成一级因素集合（记为U），U和$U^{(i)}$的对应关系为：

$$U=\{U^{(1)}，U^{(2)}，U^{(3)}，U^{(4)}\}$$

各一级指标下的二级指标记为$u_j^{(i)}(i=1，2，3，4；j=1，2，3，4)$，$U^{(i)}$与$u_j^{(i)}$的对应关系为：

$$U^{(i)}=\{u^{(i)}{}_1，u^{(i)}{}_2，u^{(i)}{}_3，u^{(i)}{}_4\}$$

即投资方互动能力评价集合记为$U^{(1)}=\{u^{(1)}{}_1，u^{(1)}{}_2，u^{(1)}{}_3，u^{(1)}{}_4\}$，

其中，$u^{(1)}{}_1$，$u^{(1)}{}_2$，$u^{(1)}{}_3$，$u^{(1)}{}_4$分别表示互动思维、响应能力、价值管理、授权程度四个子因素。同理，迭代创新能力评价集合记为$U^{(2)}=\{u^{(2)}{}_1，u^{(2)}{}_2，u^{(2)}{}_3，u^{(2)}{}_4\}$，组织学习能力评价集合记为$U^{(3)}=\{u^{(3)}{}_1，u^{(3)}{}_2，u^{(3)}{}_3，u^{(3)}{}_4\}$，资源管理能力评价集合记为$U^{(4)}=\{u^{(4)}{}_1，u^{(4)}{}_2，u^{(4)}{}_3，u^{(4)}{}_4\}$。

2. 确定评语集合

设定评价评语等级为5级，分别为“极差”“差”“中”“良”“优”，分别对应记作$v_i(i=1，2，3，4，5)$，评语集合V与v_i评语的对应关系为：

$$V=\{v_1, v_2, v_3, v_4, v_5\}=\{极差，差，中，良，优\}$$

3. 构建一级评价矩阵

将评价因素$u^{(i)}{}_j(i=1，2，3，4；\ j=1，2，3，4)$与对应的评语集合$V=\{v_1，v_2，v_3，v_4, v_5\}$依照表5-6的相对重要度联系，同时对一级因素集合中的二级指标相对重要度统计数据进行归一化处理，可以避免初始数据值相差过大影响评价结果。经过整理后得到一级评价矩阵的评价因素$r_j^{(i)}$为：

$$r_j^{(i)}=\left\{r_{j1}^{(i)},\ r_{j2}^{(i)},\ r_{j3}^{(i)},\ r_{j4}^{(i)},\ r_{j5}^{(i)}\right\}(i=1,2,3,4;\ j=1,2,3,4)$$

将各矩阵评价因素$r_j^{(i)}$对应整理成一级评价矩阵$R^{(i)}$：

$$R^{(i)}=\begin{bmatrix} r_{11}^{(i)} & r_{12}^{(i)} & r_{13}^{(i)} & r_{14}^{(i)} & r_{15}^{(i)} \\ r_{21}^{(i)} & r_{22}^{(i)} & r_{23}^{(i)} & r_{24}^{(i)} & r_{25}^{(i)} \\ r_{31}^{(i)} & r_{32}^{(i)} & r_{33}^{(i)} & r_{34}^{(i)} & r_{35}^{(i)} \\ r_{41}^{(i)} & r_{42}^{(i)} & r_{43}^{(i)} & r_{44}^{(i)} & r_{45}^{(i)} \end{bmatrix}，其中(i=1,2,3,4)$$

4. 构建权重矩阵

运用AHP层次分析法计算得到各二级指标下的权重向量$W^{(i)}(i=1,2,3,4)$，对应记为一级权重矩阵$A_1^{(i)}$：

$$A_1^{(i)}=[a_1^{(i)},\ a_2^{(i)},\ a_3^{(i)},\ a_4^{(i)}](i=1,2,3,4)$$

当i=1,2,3,4时，分别表示投资方互动能力权重矩阵、迭代创新能力权重矩阵、组织学习能力权重矩阵、资源管理能力权重矩阵。

运用AHP层次分析法计算得到一级指标下权重向量W，对应记为二级权重矩阵A_2：

$$A_2=[a_1,\ a_2,\ a_3,\ a_4]$$

5. 第一级模糊综合评价

将一级权重矩阵和一级评价矩阵相乘，其结果记为$B^{(i)}(i=1,2,3,4)$：

$$B^{(i)}=A_1^{(i)}\cdot R^{(i)}(i=1,2,3,4)$$

6. 第二级模糊综合评价

将第一级模糊综合评价矩阵$B^{(i)}(i=1,2,3,4)$合并，构成第二级评价矩阵，记为B_a：

$$B_a=\begin{bmatrix} B^{(1)} \\ B^{(2)} \\ B^{(3)} \\ B^{(4)} \end{bmatrix}$$

再将二级权重矩阵A_2与B_a相乘[8]，其结果记为：

$$B=A_2\cdot B_a=(b_1,\ b_2,\ b_3,\ b_4,\ b_5)$$

7. 确定评价结果

将第二级模糊评价结果$B=(b_1, b_2, b_3, b_4, b_5)$中最大元素$b_i$ (i=1，2，3，4，5)与评语集合$V=\{v_1, v_2, v_3, v_4, v_5\}$中的元素对比分析，即可得到最终评价结果。

三、某建筑企业背景分析

某建筑企业成立于2005年，是拥有房屋建筑工程施工总承包一级资质的国有企业，成立初期的主要业务包括房屋建筑领域的施工总承包及相关机电专业承包。由于企业业务领域单一，技术及人才储备有限，在建筑行业粗放发展过程中，企业生产效能逐年降低，市场竞争能力不断被削弱。尽管企业对部分制度及生产方式不断进行改革，但运营思维仍然没有脱离"重生产、轻管理"模式。在竞争激烈的市场环境中，其不断受到互联网技术及思维的冲击，该企业提出了"科技创新支撑企业发展"的指导思想，基于新的管理理念制定了一系列转型措施，强调构建企业核心竞争力，以此实现可持续发展。

经过多年发展和革新，该企业成功把握住互联网发展大潮，通过引入互联网思维模式，积极实施企业战略转型，改变原有企业发展格局，重视科研创新和成果转化，积极营造创新环境，全面培养企业创新人才，逐步实现了创新思维带动企业发展的战略转型。截至2019年，该企业已经成为国内具有施工总承包特级资质的大型综合性施工总承包建筑企业，市场业务广泛涵盖工业及民用建筑、市政工程、道路桥梁建设、电力建设等领域，探索了多项具有自主知识产权的创新技术。与此同时，企业积极开展跟随创新、集成创新等研发活动，旨在做好原始创新。在绿色建筑、智慧建造、建筑工业化三大重点研发领域不断取得重大突破，并通过管理创新与技术创新相结合的方式形成双轮驱动，不断强化企业核心竞争力。

根据该企业的实际情况，依照前文构建的互联网能力测度指标体系，分析和描述企业的现有互联网能力具体情况，详见表5–8。

表5-8 某建筑企业互联网能力具体情况

二级指标	企业情况说明
互动思维（IC1）	企业通过建立互联网项目管理平台，实现了项目建设过程中的工作沟通、决策互动、信息交互等功能
响应能力（IC2）	依托互联网项目管理平台，建设项目各参与方能快速进行项目信息沟通，企业根据项目实施情况快速反馈，提高了投资方的决策效率
价值管理（IC3）	企业通过互联网信息渠道一定程度上提高了对投资方价值评估的准确性，但是缺乏较为有效的评估及管理手段
授权程度（IC4）	依托互联网项目管理平台，企业为投资方提供了更为便捷的项目建设监督方式以及各方互动平台，一定程度上加强了投资方对于项目建设的把控程度以及企业对于项目的建设质量
创新理念（IC5）	企业树立了“科技创新支撑企业发展”的发展理念，并且大力弘扬创新文化
创新投入（IC6）	截至 2019 年，企业已在互联网管理平台建设及维护、生产技术研发创新方面投入超过 700 万元
科研能力（IC7）	企业专门成立了研发部门，主要负责项目技术开发及互联网管理平台的维护工作。截至 2019 年，该企业获得省部级科技成果鉴定 47 项，国家授权专利 177 项
技术应用（IC8）	超过四成的科研成果及专利被应用到企业已建成或在建的工程项目，一定程度上提升了工作效率
学习共享（IC9）	企业积极建设“学习型组织”，引导员工学习共享，积极推进组织学习成果转化
开放学习（IC10）	企业积极组织员工的内外部培训，通过开放学习的方式提升员工的综合素质
研习制度（IC11）	企业制定了较为完善的学习激励制度，提高了员工的学习积极性及创造性
学习愿景（IC12）	企业提倡坚持自我学习、终身学习、开放学习的观念，促使企业内部营造良好的学习氛围，为员工树立良好的学习愿景
技术支持（IC13）	依托企业互联网项目管理平台，有效提高了企业关于项目建设的资源管理能力
推陈机制（IC14）	在引入互联网思维后，企业对制度进行了较大幅度的完善，以确保资源管理过程能够契合互联网的管理模式
员工培训（IC15）	对于新的管理制度及管理方式，企业定期对员工进行专业技能培训
资源配置（IC16）	对于传统的项目资源管理方式，互联网工具的引入有效提高了资源配置能力

四、互联网能力测度指标体系的数据来源

（一）互联网能力测度指标体系的相对重要度计算

为确定指标相对重要度（权重），采取专家调查法对所选取的建筑企业的互联网能力进行相对重要度评价，并利用层次分析法对评价结果作量化处理。其中，进行专家调查的专家来源主要有：专门从事建筑企业战略管理的研究机构人员、政府相关职能部门的主要负责人、建筑企业管理层人员、高校研究人员等。调查采用问卷访谈的形式，问卷中互联网能力指标间的重要度判断采用1~5标度法，问卷设置详细内容见附录1。

为满足指标重要度调查的需求，根据专家来源共选取39位专家进行问卷调查，依据重要度出现频率进行四舍五入取整，得到的结果用于构建AHP法的判断矩阵。

（二）互联网能力调查问卷数据统计

向39位专家介绍某建筑企业互联网能力基本情况，并发放对应调查问卷，问卷设置详细内容见附录2。模糊综合评价模型中评价等级设为五个等级，分别为“极差”“差”“中”“良”“优”，根据回收的专家调查问卷中各指标打分等级出现的频数进行汇总，构建模糊综合评价模型的一级评价矩阵，调查数据统计结果见表5-9。

表5-9　某建筑企业互联网能力的专家调查统计结果

二级指标	极差	差	中	良	优
互动思维（IC1）	1	4	11	16	7
响应能力（IC2）	2	12	15	7	3
价值管理（IC3）	5	15	11	6	2
授权程度（IC4）	4	7	14	13	1
创新理念（IC5）	1	4	9	16	9
创新投入（IC6）	0	3	10	17	9
科研能力（IC7）	1	5	18	11	4
技术应用（IC8）	2	8	15	12	2

续表

二级指标	极差	差	中	良	优
学习共享（IC9）	4	7	17	9	2
开放学习（IC10）	6	12	15	4	2
研习制度（IC11）	1	6	9	18	5
学习愿景（IC12）	2	3	14	16	4
技术支持（IC13）	1	3	13	17	5
推陈机制（IC14）	2	5	10	8	5
员工培训（IC15）	6	12	17	4	0
资源配置（IC16）	3	4	18	12	2

五、某建筑企业互联网能力的模糊综合评价

使用YAAHP 10.1软件进行层次分析法权重计算，使用MATLAB 8.6对模糊综合评价矩阵进行运算。

（一）指标权重确定

某建筑企业互联网能力的模糊综合评价中，评价总目标为互联网能力，记为I-B。指标体系内一级指标记为投资方互动能力（B1）、迭代创新能力（B2）、组织学习能力（B3）、资源管理能力（B4）。指标的相对重要度根据专家调查结果整理后得到，将对应的相对重要度数据输入YAAHP 10.1软件的判断矩阵，进行权重计算及一致性检验，计算结果见表5-10~表5-14。

表5-10　判断矩阵I-B权重及一致性检验结果

IC（B1、B2、B3、B4）判断矩阵					指标权重	一致性检验
A	B1	B2	B3	B4	*W*	
B1	1	1/3	1/3	1	0.1317	
B2	3	1	1	2	0.3536	CR=0.007<0.10
B3	3	1	1	2	0.3536	
B4	1	1/2	1/2	1	0.1611	

表5-11　投资方互动能力（B1）指标权重及一致性检验结果

B1（IC1，IC2，IC3，IC4）判断矩阵					指标权重	一致性检验
B1	IC1	IC2	IC3	IC4	W^1	CR_1=0.017<0.10
IC1	1	2	4	2	0.4275	
IC2	1/2	1	3	1	0.2346	
IC3	1/4	1/3	1	1/4	0.0825	
IC4	1/2	1	4	1	0.2554	

表5-12　迭代创新能力（B2）指标权重及一致性检验结果

B2（IC5，IC6，IC7，IC8）判断矩阵					指标权重	一致性检验
B2	IC5	IC6	IC7	IC8	W^2	CR_2=0.017<0.10
IC5	1	3	1	2	0.3411	
IC6	1/3	1	1/4	1/3	0.0905	
IC7	1	4	1	2	0.3638	
IC8	1/2	3	1/2	1	0.2046	

表5-13　组织学习能力（B3）指标权重及一致性检验结果

B3（IC9，IC10，IC11，IC12）判断矩阵					指标权重	一致性检验
B3	IC9	IC10	IC11	IC12	W^3	CR_3=0.030<0.10
IC9	1	2	2	1	0.3319	
IC10	1/2	1	1/2	1/3	0.1258	
IC11	1/2	2	1	1	0.2347	
IC12	1	3	1	1	0.3076	

表5-14　资源管理能力（B4）指标权重及一致性检验结果

B4（IC13，IC14，IC15，IC16）判断矩阵					指标权重	一致性检验
B4	IC13	IC14	IC15	IC16	W^4	CR_4=0.007<0.10
IC13	1	2	4	2	0.4376	
IC14	1/2	1	2	1	0.2188	
IC15	1/4	1/2	1	1/3	0.0998	
IC16	1/2	1	3	1	0.2438	

由以上各表的计算结果可知，CR、CR_1、CR_2、CR_3、CR_4均小于0.1，上述判断矩阵一致性检验符合要求，各指标权重向量计算结果如下。

$$W=[0.1317 \quad 0.3536 \quad 0.3536 \quad 0.1611]$$
$$W^{(1)}=[0.4275 \quad 0.2346 \quad 0.0825 \quad 0.2554]$$
$$W^{(2)}=[0.3411 \quad 0.0905 \quad 0.3638 \quad 0.2046]$$
$$W^{(3)}=[0.3319 \quad 0.1258 \quad 0.2347 \quad 0.3076]$$
$$W^{(4)}=[0.4376 \quad 0.2188 \quad 0.0998 \quad 0.2438]$$

（二）构建一级评价矩阵

为了避免初始数据值相差过大影响评价结果，将表5-9中某建筑企业互联网能力的专家调查统计结果进行归一化处理，结果见表5-15。

表5-15 某建筑企业互联网能力初始数据归一化处理结果

二级指标	极差	差	中	良	优
互动思维（IC1）	0.03	0.10	0.28	0.41	0.18
响应能力（IC2）	0.05	0.31	0.38	0.18	0.08
价值管理（IC3）	0.13	0.38	0.28	0.15	0.05
授权程度（IC4）	0.10	0.18	0.36	0.33	0.03
创新理念（IC5）	0.03	0.10	0.23	0.41	0.23
创新投入（IC6）	0.00	0.08	0.26	0.43	0.23
科研能力（IC7）	0.03	0.13	0.46	0.28	0.10
技术应用（IC8）	0.05	0.21	0.38	0.31	0.05
学习共享（IC9）	0.10	0.18	0.44	0.23	0.05
开放学习（IC10）	0.15	0.31	0.38	0.10	0.05
研习制度（IC11）	0.03	0.15	0.23	0.46	0.13
学习愿景（IC12）	0.05	0.08	0.36	0.41	0.10
技术支持（IC13）	0.03	0.08	0.33	0.44	0.13
推陈机制（IC14）	0.07	0.17	0.33	0.27	0.17
员工培训（IC15）	0.15	0.31	0.44	0.10	0.00
资源配置（IC16）	0.08	0.10	0.46	0.31	0.05

表5-15中，IC1、IC2、IC3、IC4组合构成投资方互动能力一级评价矩阵，记为$R^{(1)}$：

$$R^{(1)}=\begin{bmatrix}0.03 & 0.10 & 0.28 & 0.41 & 0.18\\0.05 & 0.31 & 0.38 & 0.18 & 0.08\\0.13 & 0.38 & 0.28 & 0.15 & 0.05\\0.10 & 0.18 & 0.36 & 0.33 & 0.03\end{bmatrix}$$

同理得到迭代创新能力、组织学习能力、资源管理能力的一级评价矩阵，结果如下。

$$R^{(2)}=\begin{bmatrix}0.03 & 0.10 & 0.28 & 0.41 & 0.23\\0.00 & 0.08 & 0.26 & 0.44 & 0.23\\0.03 & 0.13 & 0.46 & 0.28 & 0.10\\0.05 & 0.21 & 0.38 & 0.31 & 0.05\end{bmatrix}$$

$$R^{(3)}=\begin{bmatrix}0.10 & 0.18 & 0.44 & 0.23 & 0.05\\0.15 & 0.31 & 0.38 & 0.10 & 0.05\\0.03 & 0.15 & 0.23 & 0.46 & 0.13\\0.05 & 0.08 & 0.36 & 0.41 & 0.10\end{bmatrix}$$

$$R^{(4)}=\begin{bmatrix}0.03 & 0.08 & 0.33 & 0.44 & 0.13\\0.07 & 0.17 & 0.33 & 0.27 & 0.17\\0.15 & 0.31 & 0.44 & 0.10 & 0.00\\0.08 & 0.10 & 0.46 & 0.31 & 0.05\end{bmatrix}$$

（三）构建权重矩阵

根据层次分析法计算得到的权重向量，分别对应得出投资方互动能力、迭代创新能力、组织学习能力、资源管理能力一级权重矩阵，结果如表5-16所示。

表5-16　一级权重矩阵计算结果

指标名称	计算结果
投资方互动能力	$A_1^{(1)}=[0.4275\quad 0.2346\quad 0.0825\quad 0.2554]$
迭代创新能力	$A_1^{(2)}=[0.3411\quad 0.0905\quad 0.3638\quad 0.2046]$
组织学习能力	$A_1^{(3)}=[0.3319\quad 0.1257\quad 0.2347\quad 0.3076]$
资源管理能力	$A_1^{(4)}=[0.4376\quad 0.2188\quad 0.0998\quad 0.2438]$

同时，二级权重矩阵计算结果为：A_2=[0.1317　0.3536　0.3536　0.1612]。

（四）第一级模糊综合评价

按照$B^{(i)}=A_1^{(i)}\cdot R^{(i)}$ (i=1，2，3，4)，将对应的一级评价矩阵和一级权重矩

阵相乘，计算结果如表5-17所示。

表5-17　第一级模糊综合评价计算结果

指标名称	计算结果
投资方互动能力	$B^{(1)}=[0.0598\quad 0.1936\quad 0.3258\quad 0.3153\quad 0.1056]$
迭代创新能力	$B^{(2)}=[0.0286\quad 0.1306\quad 0.3485\quad 0.3450\quad 0.1747]$
组织学习能力	$B^{(3)}=[0.0752\quad 0.1580\quad 0.3576\quad 0.3240\quad 0.0851]$
资源管理能力	$B^{(4)}=[0.0599\quad 0.1258\quad 0.3748\quad 0.3343\quad 0.1051]$

（五）第二级模糊综合评价

将构建的第一级模糊综合评价矩阵组合，构成第二级评价矩阵，记为B_a：

$$B_a=\begin{bmatrix}0.0598 & 0.1936 & 0.3258 & 0.3153 & 0.1056\\0.0286 & 0.1306 & 0.3485 & 0.3450 & 0.1747\\0.0752 & 0.1580 & 0.3576 & 0.3240 & 0.0851\\0.0599 & 0.1258 & 0.3748 & 0.3343 & 0.1051\end{bmatrix}$$

再将构建的二级权重矩阵A_2与B_a相乘，记为B，计算结果为：

$$B=[0.0542\quad 0.1478\quad 0.3530\quad 0.3320\quad 0.1131]$$

（六）评价结论

根据第二级模糊评价结果可知，B中最大元素b_{max}=0.3530，与评语集合V对应得到某建筑企业的互联网能力测评结果为“中”。二级评价矩阵B中对应评语集合中元素“良”的计算数值为0.3320，与最大值b_{max}仅相差0.021，说明某建筑企业的互联网能力处于中等偏上的水平。

参考文献

[1] 柯建峰. 基于互联网能力的传统制造企业战略转型研究[D]. 武汉：武汉理工大学，2017.

[2] 袁青燕. 价值网的竞争优势形成机理研究[D]. 南昌：江西财经大学，2013.

[3] 周玲玲. "互联网+" 背景下创业生态系统的构成要素及其关系研究[D]. 大连：大连工业大学，2018.

[4] 马雪. 基于SCOR模型的建筑供应链绩效评价研究[D]. 天津：天津大学，2014.

[5] 李慧. 供应链运营稳定性评价研究[D]. 北京：北京交通大学，2012.

[6] 郑传锋.基于平衡记分卡的供应链绩效评价指标体系研究[J]. 中国物流与采购，2005（10）：68-70.

[7] 张浩. 基于AHP-模糊综合评价法的项目风险评价研究[D]. 南京：南京邮电大学，2019.

[8] 陈曦，曾亚武，刘伟.基于模糊层次分析法的农村水库大坝安全二级模糊综合评价[J]. 水利水电技术，2019，50（2）：168-176.

第六章 | 互联网能力对建筑企业战略转型的影响路径与仿真分析

第一节 互联网能力对建筑企业战略转型影响概述

建筑企业实施战略转型的最终目的是提升互联网能力，以此获得竞争优势。转型过程中需要打破传统发展模式的壁垒，促进建筑企业整体管理水平的提升，消除发展空间障碍，拓展经营范围，从而获得更好的经济效益。本章从互联网能力对建筑企业战略转型的综合影响出发，即互联网能力的四个能力维度分别对建筑企业四个竞争优势产生的影响，揭示互联网能力对建筑企业战略转型的具体作用机理。本章研究思路如图6–1所示。

一、互联网能力对企业战略转型影响的问题描述

面对越来越激烈的竞争，许多建筑企业面临着发展的困境，力求通过战略转型来提升企业的核心竞争力，延伸产业链，拓展发展空间。运用好互联网技术可以拓展企业的销售渠道、形成竞争优势。战略转型是每个建筑企业面临的复杂而又烦琐的系统性问题，要彻底解决这个问题，首先需要分析互联网能力对建筑企业战略转型的具体影响路径和作用机理。综合考虑，解决问题的基本内容可以分为三个部分：第一，互联网能力如何影响建筑企业；第二，互联网能力如何作用于建筑企业战略转型；第三，互联网能力如何影响建筑企业战略转型后的竞争优势，这里的竞争优势主要包含企业的技术优势、成本优势、价值优势和资源优势。

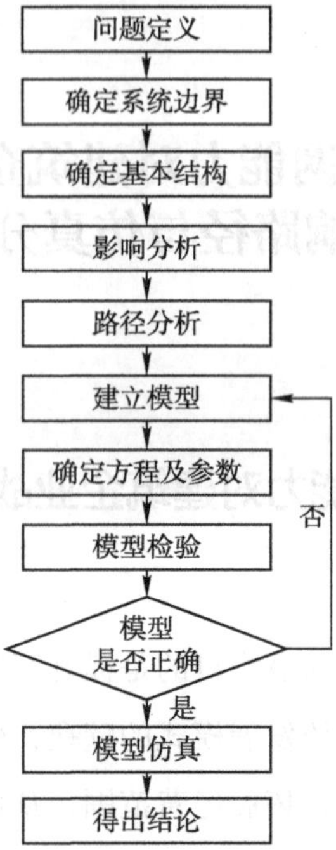

图 6-1　互联网能力对建筑企业战略转型的作用机理研究思路

综上，为解决互联网能力对战略转型后竞争优势的影响这一问题，需要引入系统仿真理论，利用VENSIM软件建立模型，构建互联网能力与战略转型后竞争优势之间的因果反馈回路图和影响路径图，利用系统动力学流图揭示互联网能力对建筑企业战略转型的影响路径和作用机理。

二、系统边界划分

互联网能力对建筑企业战略转型的作用机理是战略转型问题研究的一个重要分支，通常用来解决复杂的系统问题，需要提前确定系统的边界，即系统内外功能之间的界限。确定系统边界是建模和仿真等工作的基础，划分好系统边界有利于避免不相干事项的干扰，为此需要对系统内所涉及的各要素进行分类、简化和提炼[1]。

系统边界的划分尚无明确的统一标准，一般按照需求或者功能进行合理划分，也可以根据系统内具体指标进行划分。确定系统边界之前，需要定性分析系统的边界，尽可能地缩小边界的范围，把有用因素划分到系统内部，允许有物质、信息、能量的交换，并接受系统内部的适当变化。系统内部因素与独立在边界外部的因素之间，会形成一条明确的分割线，将系统内部与外部隔开。在互联网能力对建筑企业战略转型的作用机理系统中，可以明确的内生变量是互联网能力的构成因素和战略转型后竞争优势的构成因素，这些因素均是系统内部因素。系统内互联网能力的构成因素包括投资方互动、迭代创新、组织学习和资源管理，建筑企业战略转型后竞争优势的构成因素包括成本优势、技术优势、价值优势和资源优势。

第二节　互联网能力对建筑企业战略转型的因果回路分析

一、互联网能力对建筑企业战略转型的因果回路基本结构分析

在互联网能力影响建筑企业战略转型及战略转型后竞争优势的系统内，存在一个基本结构促使各个因素在系统内发挥作用，即保障系统运行的因果回路基本结构。当互联网能力在建筑企业内部得到发展时，会给传统企业的发展带来阻力，如建筑企业对供应商的管控、企业传统文化组织和学习等。因为企业互联网化发展时，势必加大信息化、数字化等方面的人力或物资投入，为达到规模生产导致资源成本陡增，可能会破坏供应商的供给渠道，导致管控能力受到一定程度的削弱。当战略转型与企业传统文化倡导的价值观念发生冲突时，将不利于传统企业文化的发展。与传统企业能力和文化的冲突导致企业内部竞争加强，组织和个人在内部竞争过程中能够提高企业整体竞争力水平，从而使互联网能力得以增强，此循环表现为一种负反馈因果回路。负反馈回路不是循环下降，而是自动寻求和达成给定的目标，在达到目

标时不断做出响应。同时，互联网能力会对建筑企业战略转型产生正向促进作用，建筑企业战略转型的成功必然使转型后竞争优势获取的概率增加，这是一种系统内部正反馈因果回路。该回路能增强运动频率或循环累计运动结果，形成持续稳定的增长态势，如图6-2所示。

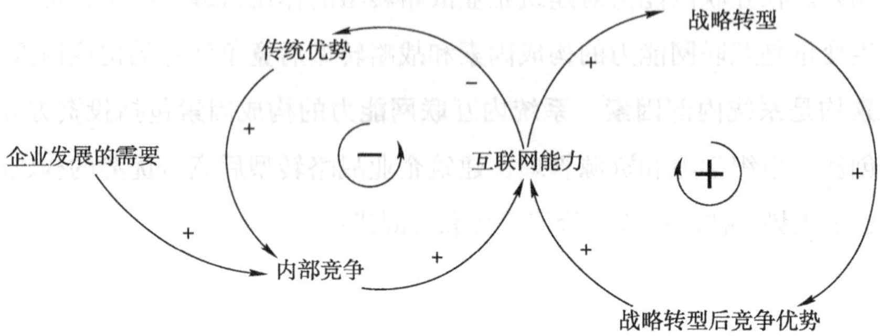

图 6-2　互联网能力在建筑企业内部的反馈因果回路图

为了研究互联网能力对建筑企业战略转型的作用机理，引入系统动力学方法。从系统动力学角度分析，增强型回路是整个运作体系的基础，研究影响机理需要将互联网能力对战略转型影响的正反馈因果回路作为基本结构，如图6-3所示。建筑企业互联网能力的提高会加快企业互联网化的进程，并探寻有效途径来提高战略转型的成功率。企业战略转型成功后会加速企业发展，获得与企业发展相适应的竞争优势，使企业在投资、资源、技术和成本等方面取得突破，这些方面得到长足发展后，会促使互联网能力得到进一步的提升。因此，在正反馈回路运行进程中，系统因素都将得到循环发展，即互联网能力、战略转型、转型后的竞争优势会依次提高。

企业内部结构受到市场环境影响而发生变化会影响建筑企业互联网能力。当互联网能力提升时，增强型回路会诱使企业快速发展，可能会使企业发展脱离市场规律，打破市场环境的平衡，而市场环境的非适应性变化会导致企业内部结构和资源基础受到冲击。当企业不能快速地调整组织结构、完善管理制度以适应新的市场环境时，会严重影响互联网能力的提升与作用，从而阻碍企业互联网能力的提升。因此，系统内存在一个负反馈因果回路，即市场环境对互联网能力的负反馈影响，如图6-4所示。

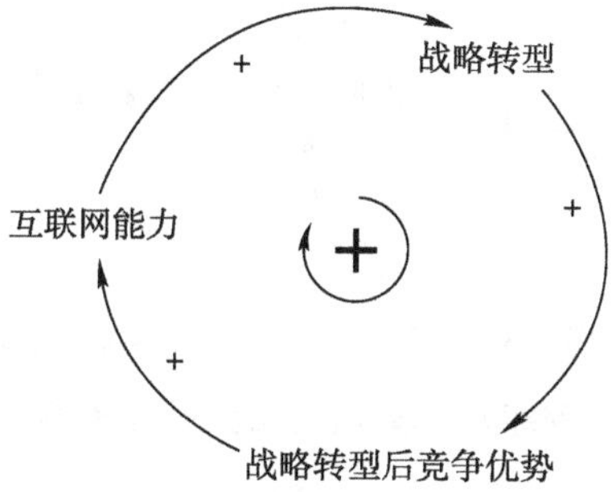

图 6-3　互联网能力对战略转型影响的正反馈因果回路图

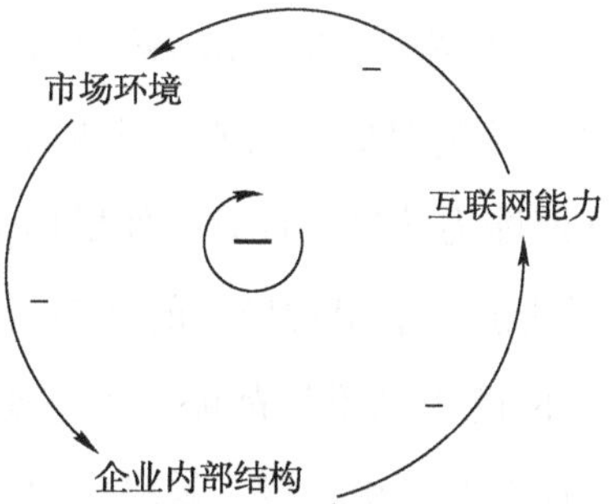

图 6-4　建筑企业市场环境对互联网能力的负反馈因果回路图

研究互联网技术的应用与流程是建筑企业在当前市场环境下发展的主要趋势，高效运用互联网技术能够提高企业的核心竞争力并获得竞争优势。但长期保持正反馈回路不断循环的增长态势较为困难，尤其是传统建筑企业想要依靠互联网化发展以获取绝对的市场优势较难。因为在市场竞争中拥有绝对优势的企业凤毛麟角，如行业寡头，况且绝对的优势会导致市场经济失衡。从社会发展稳定性考虑，市场某些方面因素会抑制企业互联网能力的过度提升，由此产生负反馈因果回路进行调和，保持系统稳定运行。因此，市场环境对互联网能力的影响以及互联网能力对战略转型的影响会使企业在当前市场环境下处于相对平衡的发展局面。建筑企业战略转型的因果回路如图6-5所示。

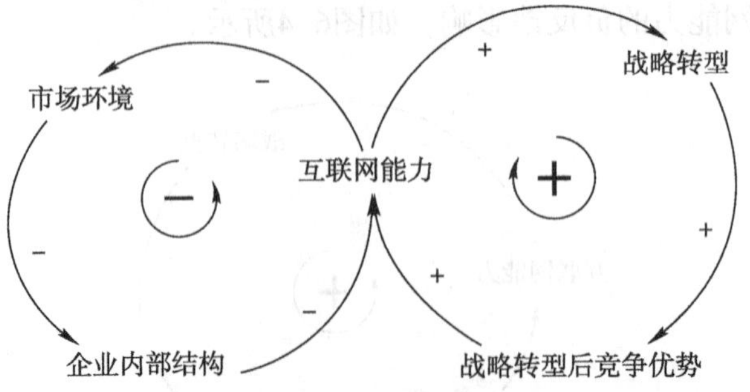

图 6-5　互联网能力对建筑企业战略转型影响的因果回路图

图6-5表明，互联网能力能促进建筑企业战略转型，从而保证战略转型后竞争优势的获得，同时竞争优势会对企业互联网能力的培育产生正反馈作用，加快企业互联网化进程。当建筑企业进行战略转型时，受到市场环境变化的负向影响不利于企业内部结构的稳定，会在一定程度上阻碍互联网能力的提升。市场环境能制约互联网能力的过度提升，使增加型回路得到有效的控制，并且使建筑企业战略转型处于一个相对稳定的状态。因此，建筑企业在发展过程中既要通过提升互联网能力来推进战略转型，也要关注所处环境变化，在实现战略转型的同时，使企业平衡发展，最终成功实现战略转型。

二、互联网能力对建筑企业战略转型后竞争优势的影响路径分析

建设互联网环境、利用互联网能力、管理互联网结构是建筑企业提升互联网能力的关键，企业需要充分利用互联网能力来促进竞争优势的形成，并促进经济效益的提升以及维持长期稳定发展。建筑企业互联网能力由投资方互动能力、迭代创新能力、组织学习能力和资源管理能力构成，这四种能力都会对建筑企业转型后竞争优势的形成产生影响，竞争优势表现为建筑企业的技术优势、成本优势、价值优势和资源优势。在互联网能力对战略转型后竞争优势的影响过程中，可以将互联网能力视为原因变量，即自变量。战略转型后竞争优势表现为一种结果，可以视为因变量。

当互联网能力分别对建筑企业战略转型后竞争优势的某个方面产生影响时，即影响技术优势、成本优势、价值优势和资源优势，则形成四种互联网能力对战略转型后竞争优势的单因素影响路径，如图6-6所示。

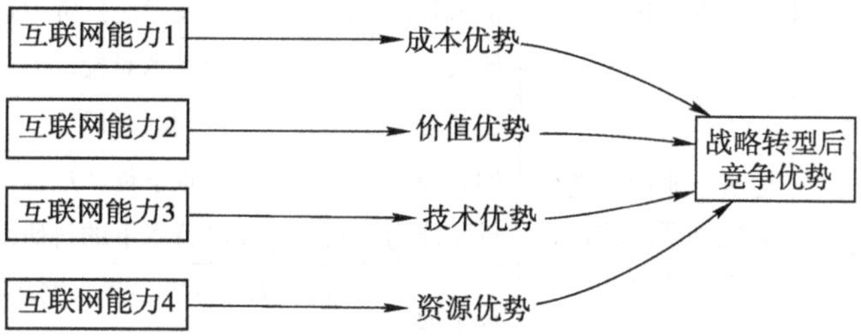

图 6-6　互联网能力对建筑企业战略转型后竞争优势单因素影响路径

将互联网能力划分为四个构成因素，即投资方互动能力、迭代创新能力、组织学习能力和资源管理能力，分别作用于战略转型后的成本优势、价值优势、技术优势和资源优势，也会促进竞争优势的形成。因此，系统中也将形成互联网能力对战略转型后竞争优势的多因素影响路径，如图6-7所示。

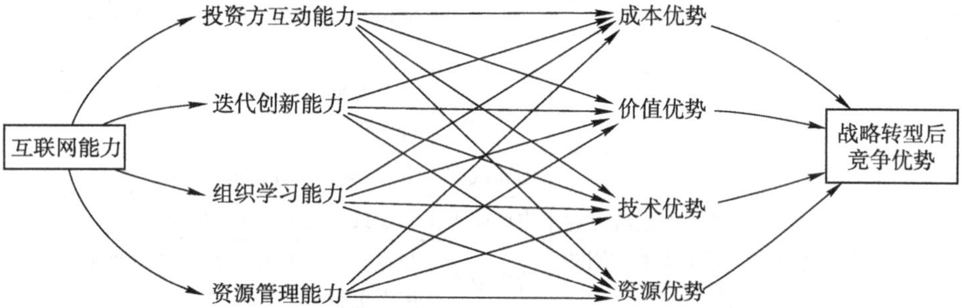

图 6-7　互联网能力对建筑企业战略转型后竞争优势多因素影响路径

为了更好地研究互联网能力对建筑企业战略转型的作用机理，需要对互联网能力和战略转型后的竞争优势的系统因素进行解释。在正负反馈回路分析结果的基础上，结合第五章的互联网能力测度指标体系和战略转型成效分析，可以整理得到互联网能力与战略转型竞争优势系统的指标释义，如表6-1所示。

表6-1　互联网能力与战略转型竞争优势的指标释义

名称	一级指标	释义	二级指标	释义
互联网能力	投资方互动能力	建筑企业能与投资方进行更高效的互动以提升自身经营能力	互动思维	树立与投资方互动关联的理念
			响应能力	积极响应投资方的需求
			价值管理	通过互联网技术对投资方进行价值评估
			授权程度	通过互联网技术对投资方进行授权
	迭代创新能力	建筑企业拥有进行迭代创新的意识、技术等能力	创新理念	具有互联网创新意识
			创新投入	对互联网背景下创新过程的投入
			科研能力	具备互联网背景下的科研能力
			技术应用	将科研成果结合互联网思维转化为实际应用
	组织学习能力	建筑企业对于员工及组织学习过程的重视程度	学习共享	建立员工及组织的共享学习行为模式
			开放学习	引导员工及组织进行开放性学习
			研习制度	建立与组织学习的相关激励及管理制度
			学习愿景	树立学习愿景及目标
	资源管理能力	企业对于资源利用及配置的优化，使其能更好地满足企业运维需要	技术支持	采用互联网技术对企业资源进行管理
			推陈机制	根据新环境下的资源管理趋势更新原有的制度措施
			员工培训	根据新的资源管理要求组织员工进行培训学习
			资源配置	通过互联网技术的引入对企业的资源进行优化配置
战略转型后的竞争优势	成本优势	企业生产运维过程中对于成本利用的优势	创新成本	企业具有较高的创新成本投入
			生产成本	企业具有更优的生产成本
			管理成本	与竞争对手相比，企业的管理成本的作用力更高
			信息成本	企业具有更高效的信息成本利用率
	技术优势	企业拥有生产运用的较高技术含量的优势	信息响应速度	企业具有更快的信息响应速度
			创新效率	企业具有更高的创新效率
			产品品质	企业具有提供更高的建筑产品质量及服务品质
			设备优势	企业具有技术先进的生产设备
			工艺技术优势	企业在生产过程中具有更加先进的工艺技术

续表

名称	一级指标	释义	二级指标	释义
战略转型后竞争优势	价值优势	企业能够创造更大的价值优势	价值链	企业具有完整的建筑产品价值链
			市场占有率	企业具有较好的市场占有率
			投资回报率	企业具有合理的投资回报率
			企业利润	企业实现预期利润目标
			企业社会知名度	企业的社会影响力更加出色
	资源优势	企业对于自身内外资源利用的优势	资源认知度	企业充分认知自身资源要素
			资源利用率	企业对资源的利用能够突出资源的价值
			资源稳定性	企业的资源具有持续稳定的特性
			资源管理	企业具有更出色的资源管理能力

第三节　互联网能力对建筑企业战略转型影响路径分析

路径分析可以测定多个自变量与多个因变量之间的关系，处理多个因变量和中介变量相互作用以及互为因果的问题，从而得出自变量对因变量的直接影响和间接影响结果[2]。因此，分析互联网能力对建筑企业战略转型的作用机理，需要运用路径分析来构建互联网能力影响建筑企业战略转型的路径图，再进一步探讨路径图中相关变量的直接或间接效应。

一、互联网能力对战略转型后技术优势的影响路径

（一）投资方互动能力对战略转型后技术优势的影响路径

投资方互动能力对战略转型后技术优势的影响分为四个方面：①以互动思维为核心的路径。通过投资方互动构建互联网能力与技术优势的关联，将投资方思维与价值目标作为关键互动要素，从建筑产品的设计、开发、建设和销售等环节加强与投资方的交流，获取投资方的反馈意见，以此提升企业建筑产品质量及服务品质，同时促进技术优势的形成。②以价值管理为核心的路径。通过对投资方进行价值评估，可以准确获取和迎合投资方的价值需求，从而提高建筑企业有关投资方价值信息的响应速度，提升企业价值管理方面的技术优势。③以响应能力为核心的路径。通过积极响应投资方需求，在建设项目全过程管理中，及时沟通协调并处理好双方关系，提高企业创新效率，从而促进技术优势的形成。④以授权程度为核心的路径。通过互联网平台对投资方在建设项目管理过程中进行授权，使投资方共同参与项目实施，促进企业在生产过程中依据投资方信息披露，将更先进的设备和工艺技术运用于项目建设，以此促进企业在设备和工艺技术上形成优势。投资方互动能力对战略转型后技术优势的影响路径如图6-8所示。

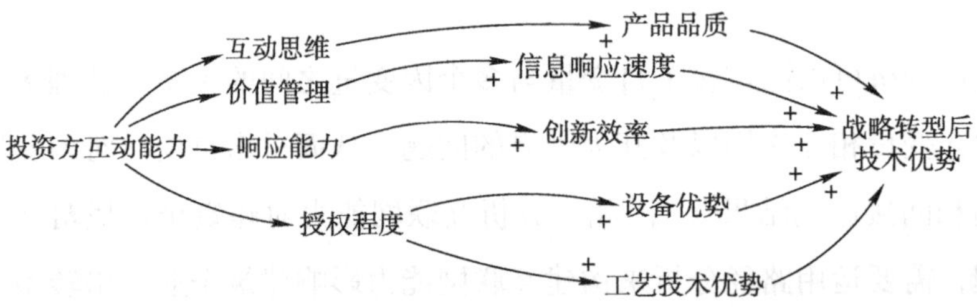

图 6-8　投资方互动能力对战略转型后技术优势的影响路径

（二）迭代创新能力对战略转型后技术优势的影响路径

迭代创新能力对战略转型后技术优势的影响主要分为四个方面：①以创新理念为核心的路径。通过增强建筑企业针对企业能力与资源基础的创新意识，提升企业的创新能力，提高创新效率，最终促进技术优势的形成。②以科研能

力为核心的路径。通过提升企业在互联网作用下的科研能力，通过创新成果转化，增加创新附加效益，从而较快地获得高效且先进的设备和工艺技术，促进技术优势的形成。③以创新投入为核心的路径。通过增加人力、物力、财力方面的创新投入，在持续的创新活动中，企业可以不断提升技术创新水平。④以技术应用为核心的路径。科研成果转化的最终途径是将科研成果运用到项目建设的实际过程，通过实践提高工艺技术和管理手段，促进创新能力提升。迭代创新能力对战略转型后技术优势的影响路径如图6-9所示。

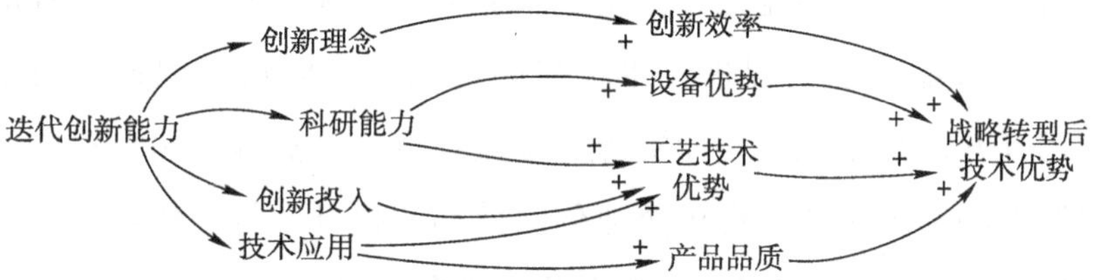

图 6-9 迭代创新能力对战略转型后技术优势的影响路径

（三）组织学习能力对战略转型后技术优势的影响路径

组织学习能力对战略转型后技术优势的影响有三个方面：①以学习共享和开放学习为核心的路径。在企业内部宣传并开展员工及组织的共享学习活动，组织员工进行开放学习，员工之间互相督促与帮助，可以更好地维护企业形象和提升企业产品质量，促进技术优势的形成。②以研习制度为核心的路径。通过建立与组织学习相关的管理制度，激励企业内部人员提升员工个人的技术水平，促进企业整体技术优势的获得。③以学习愿景为核心的路径。通过引导员工树立明确的学习目标，提高员工的学习能力，激活员工的创新思维，以此提升企业的创新效率，促进技术优势的获取。组织学习能力对战略转型后技术优势的影响路径如图6-10所示。

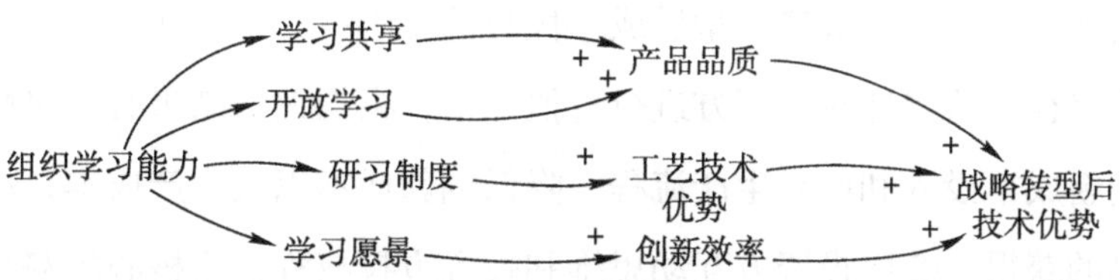

图 6-10 组织学习能力对战略转型后技术优势的影响路径

（四）资源管理能力对战略转型后技术优势的影响路径

资源管理能力对战略转型后技术优势的影响有四个方面：①以推陈机制为核心的路径。在互联网环境下对原有的制度管理措施进行修改和完善，提高产业标准和产品品质，从而促进技术优势的形成。②以员工培训为核心的路径。利用互联网技术搭建培训平台，对员工进行资源管理方面的培训教育，优化企业员工的资源管理手段，提升企业价值信息响应速度，从而促进技术优势的形成。③以技术支持为核心的路径，将互联网技术的智能化、数字化功能充分应用于企业资源管理，提高生产过程的设备效率与产出效益，从而促进技术优势的形成。④以资源配置为核心的路径。利用互联网技术优化企业资源管理流程，提高资源利用率；同时，发挥有限资源的最大效益，促进企业创新效率的提升、技术优势的形成。资源管理能力对战略转型后技术优势的影响路径如图6-11所示。

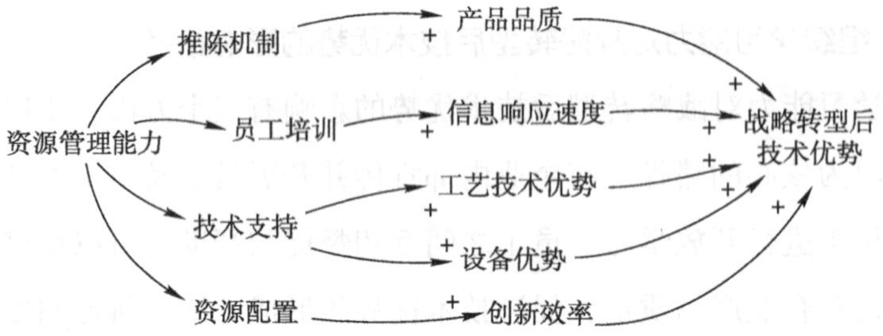

图6-11　资源管理能力对战略转型后技术优势的影响路径

二、互联网能力对战略转型后成本优势的影响路径

（一）投资方互动能力对战略转型后成本优势的影响路径

投资方互动能力对战略转型后成本优势的影响有三个方面：①以价值管理为核心的路径。适当地对投资方进行价值评估，根据评估结果有针对性地调整企业的创新成本投入和产品生产流程，降低创新成本以及生产成本，从而促进成本优势的获得。②以投资方互动思维和投资方授权程度为核心的路径。提高

与投资方互动交流的积极性，并通过互联网平台提高投资方授权程度，可以提升企业获取投资方反馈信息的时效性和真实性，降低企业获取和处理信息的成本，从而促进成本优势的获得。③以投资方响应能力为核心的路径。通过互联网平台提升处理投资方响应的效率，间接地减少管理成本，从而促进成本优势的获取。投资方互动能力对战略转型后成本优势的影响路径如图6–12所示。

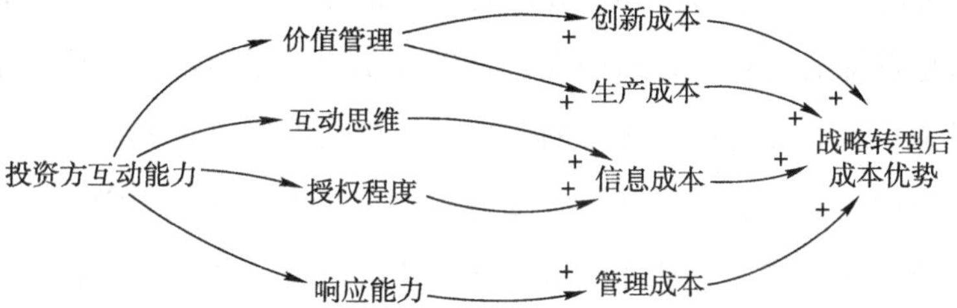

图 6–12 投资方互动能力对战略转型后成本优势的影响路径

（二）迭代创新能力对战略转型后成本优势的影响路径

迭代创新能力对战略转型后成本优势的影响有三个方面：①以创新理念和创新投入为核心的路径。引入互联网创新意识，增加创新投入，帮助企业培养自我开发意识和开展创新活动，可以直接减少创新指导成本，从而促进成本优势的获得。②以科研能力为核心的路径。提升企业在互联网环境中的科研能力，优化生产过程，对生产成本进行有效控制，从而促进成本优势的获得。③以技术应用为核心的路径。企业合理地采用科研技术能提升研发成果转化的效率，同时利用互联网技术实现研发过程可视化、智能化，能够减少由于信息不对称导致的信息成本陡增问题，从而促进成本优势的获得。迭代创新能力对战略转型后成本优势的影响路径如图6–13所示。

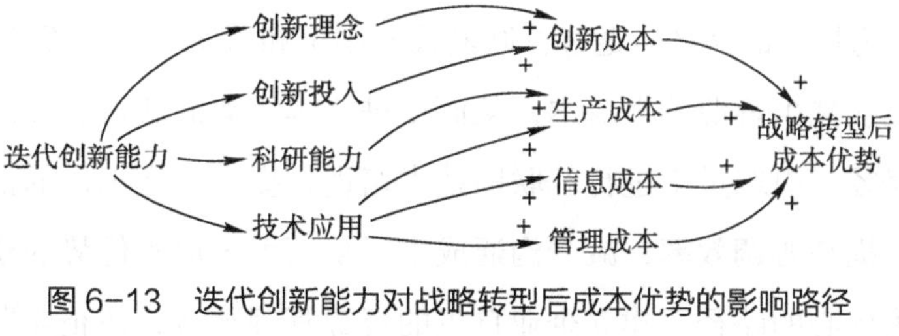

图 6–13 迭代创新能力对战略转型后成本优势的影响路径

(三)组织学习能力对战略转型后成本优势的影响路径

组织学习能力对战略转型后成本优势的影响有四个方面：①以学习共享为核心的路径。建立组织之间或员工之间的共享学习机制，保证学习过程可实现性，通过组织学习优化企业管理结构和提高部门生产效率，间接地减少生产成本，从而促进成本优势的获得。②以开放学习为核心的路径。积极开展企业内部的开放式学习活动，并制定保障措施使学习活动有序进行，提高活动中信息资源的时效性、适用性，合理控制组织学习活动产生的信息成本和管理成本，从而促进成本优势的获得。③以研习制度为核心的路径。建立组织学习机构和学习过程制度，有效地约束企业人员在组织学习过程中的个人行为，减少管理成本，从而促进成本优势的获取。④以学习愿景为核心的路径。企业内部良好的学习氛围和员工勤恳的学习态度，有利于在市场树立企业的文化品牌，同时更有利于企业利用互联网平台进行宣传和推广，间接减少企业信息在市场中传递的成本，从而促进成本优势的形成。组织学习能力对战略转型后成本优势的影响路径如图6-14所示。

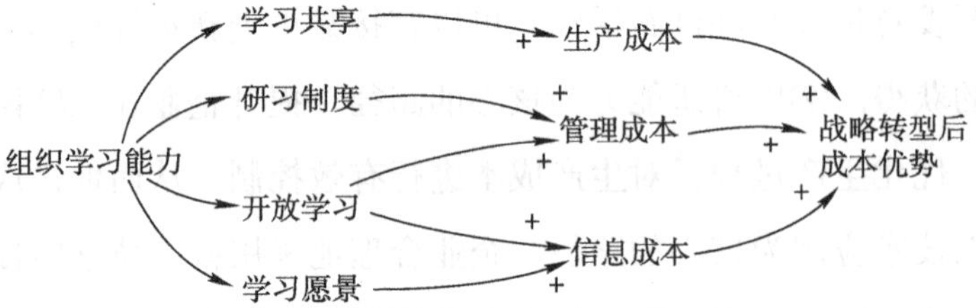

图6-14 组织学习能力对战略转型后成本优势的影响路径

(四)资源管理能力对战略转型后成本优势的影响路径

资源管理能力对战略转型后成本优势的影响有三个方面：①以技术支持和推陈机制为核心的路径。通过互联网技术制定和落实一系列资源管理措施，能够帮助企业减少资源管理成本，从而促进成本优势的获得。②以员工培训为核心的路径。组织员工进行互联网技术培训，提升生产工作的信息化、智能化水平，提高协调效率，减少沟通成本，从而促进成本优势的获得。③以资源配置为核心的路径。建立企业自主的资源管理平台，使企业资源均能通过内部网络实现配置和转化，有效降低生产成本，从而促进成本优势的获取。资源管理能力对战略转型后成本优势的影响路径如图6-15所示。

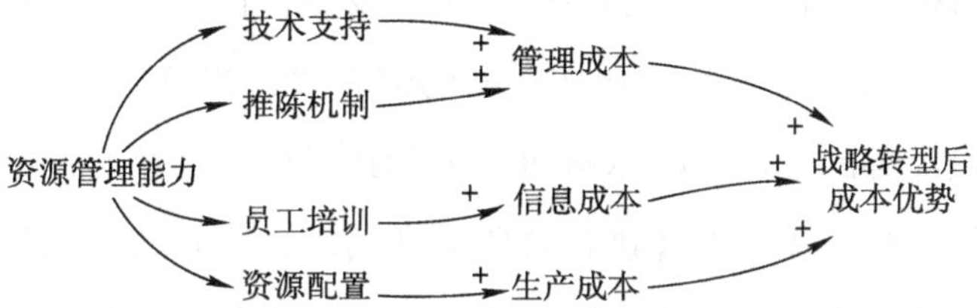

图 6-15　资源管理能力对战略转型后成本优势的影响路径

三、互联网能力对战略转型后价值优势的影响路径

（一）投资方互动能力对战略转型后价值优势的影响路径

投资方互动能力对战略转型后价值优势的影响有三个方面：①以互动思维和响应能力为核心的路径。积极与优质投资方建立联系和沟通，不定期向投资方进行有效信息披露，扩大企业在市场的影响力，提升企业的品牌价值，从而促进价值优势的形成。②以价值管理为核心的路径。完善建筑企业的建筑产品价值链，向投资方提供高质量的“链式”服务，向服务创新转型以提高企业的经营利润，从而促进价值优势的获取。③以授权程度为核心的路径。在投资方资金支持和经验指导下，逐步扩大企业的市场份额，通过足够规模的项目建设保证企业的投资回报率，从而促进价值优势的形成。投资方互动能力对战略转型后价值优势的影响路径如图6-16所示。

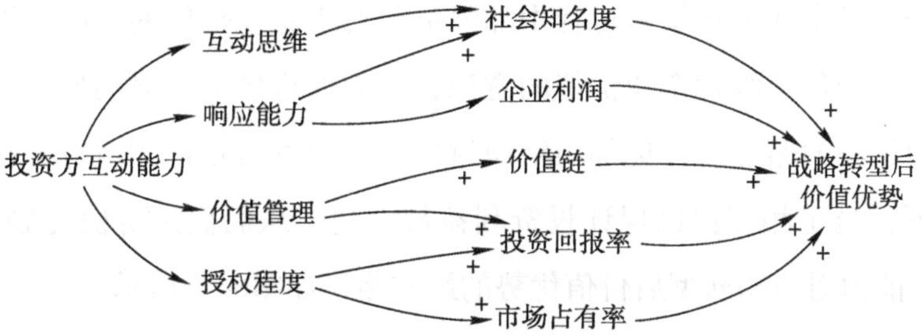

图 6-16　投资方互动能力对战略转型后价值优势的影响路径

（二）迭代创新能力对战略转型后价值优势的影响路径

迭代创新能力对战略转型后价值优势的影响有两个方面：①以创新理念和创新投入为核心的路径。以创新驱动企业发展，促进企业能持续地获得投资，提升企业的市场占有率，增加适度的创新投入提升企业的投资回报率，从而促进价值优势的形成。②以科研能力和技术应用为核心的路径。利用互联网科技创新平台，支撑企业进行科研创新活动，并将科研成果通过互联网平台在企业内部共享，转化为实际工作所需，促进价值优势的形成。迭代创新能力对战略转型后价值优势的影响路径如图6–17所示。

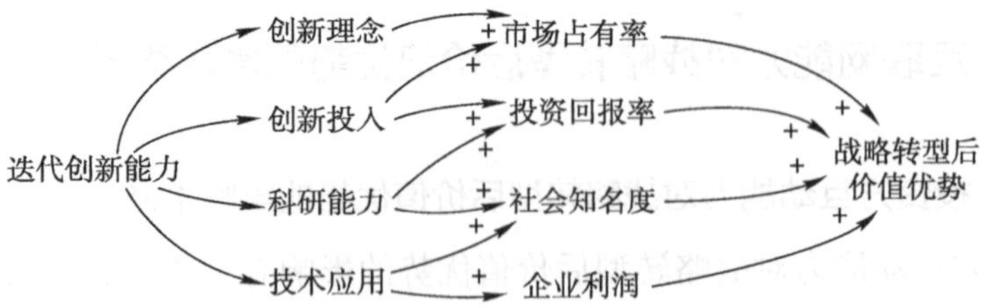

图 6–17　迭代创新能力对战略转型后价值优势的影响路径

（三）组织学习能力对战略转型后价值优势的影响路径

组织学习能力对战略转型后价值优势的影响有四个方面：①以开放学习为核心的路径。培养企业员工的对外开放学习意识，引导员工积极地汲取外部知识，并将有益内容转化为促进企业价值发展的内部资源，从而促进价值优势的形成。②以学习共享为核心的路径。在企业内部形成良好的共享氛围，引导员工通过知识共享，建立良好的学习氛围并增进企业组织的团结，从而促进价值优势的形成。③以研习制度为核心的路径。增强企业的学习制度管理，划分学习责任，在学习过程中加强员工对于企业价值的理解，以便在实际工作中培养员工维护企业价值的意识，从而促进价值优势的形成。④以学习愿景为核心的路径。保证部门组织目标与企业发展目标相适应，在企业统一规划下，员工相互协助保证投资利益最大化，从而促进价值优势的形成。组织学习能力对战略转型后价值优势的影响路径如图6–18所示。

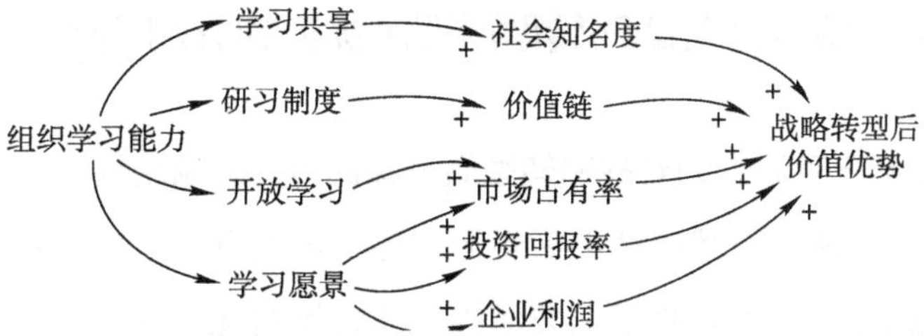

图 6-18　组织学习能力对战略转型后价值优势的影响路径

（四）资源管理能力对战略转型后价值优势的影响路径

资源管理能力对战略转型后价值优势的影响有四个方面：①以技术支持为核心的路径。发挥互联网平台在资源管理上的作用，完善产品价值链，从而促进价值优势的形成。②以推陈机制为核心的路径。完善不适应当前企业发展所需的管理制度，对不同部门组织的人员进行分级管理，将有限资源通过多路径配置、精细化管理实现高效利用，达到提高企业利润的目的，从而促进价值优势的形成。③以员工培训为核心的路径。对员工进行有针对性、多元化的培训，提升销售服务质量，满足投资方需求，提高社会知名度，从而促进价值优势的形成。④以资源配置为核心的路径。将企业资源准确配置到各个生产阶段，优化产出流程，保证部门在该生产阶段的目标得以实现，促进企业价值优势的形成。资源管理能力对价值优势的影响路径如图6-19所示。

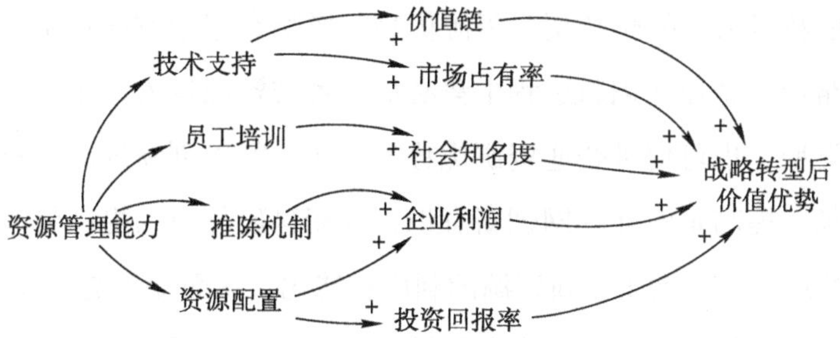

图 6-19　资源管理能力对战略转型后价值优势的影响路径

四、互联网能力对战略转型后资源优势的影响路径

（一）投资方互动能力对战略转型后资源优势的影响路径

投资方互动能力对战略转型后资源优势的影响有三个方面：①以互动思维为核心的路径。企业管理层需要明确企业资源情况，提高资源认知度，将有限资源充分转化为有利于企业获取投资方信任的信息，从而促进资源优势的形成。②以响应能力和价值管理为核心的路径。企业通过加快对投资方需求的响应速度，使自身资源管理水平得到提升，提高资源利用率，从而促进资源优势的形成。③以授权程度为核心的路径。企业通过建立互联网信息交流平台，便于投资方及时了解企业资源管理情况，增加投资方倾向合作的可能，从而促进资源优势的形成。投资方互动能力对战略转型后资源优势的影响路径如图6-20所示。

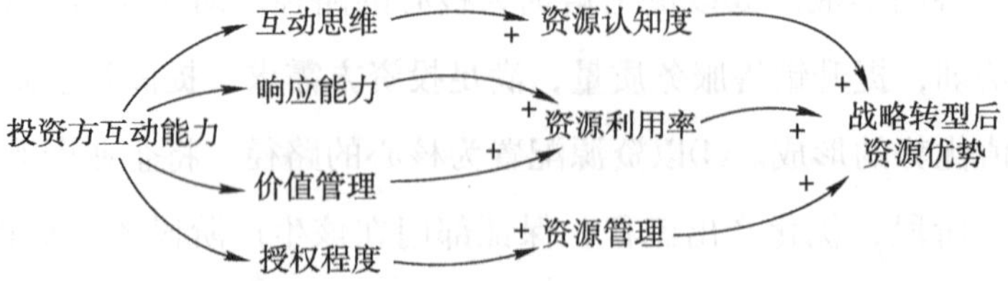

图 6-20　投资方互动能力对战略转型后资源优势的影响路径

（二）迭代创新能力对战略转型后资源优势的影响路径

迭代创新能力对战略转型后资源优势的影响有三个方面：①以创新投入为核心的路径。企业在创新过程中势必加大各类资源投入，既能丰富企业内部的资源类型，也可促进企业资源优势的形成。②以创新理念和科研能力为核心的路径。提高企业互联网创新意识，创新科研能力的提高将改变员工对创新资源的理解，有助于创新资源的利用和转化，从而促进资源优势的形成。③以技术应用为核心的路径。企业开展互联网化创新活动，将领先技术应用到资源管理中，可以提升企业的资源管理能力，从而促进资源优势的形成。迭代创新能力对战略转型后资源优势的影响路径如图6-21所示。

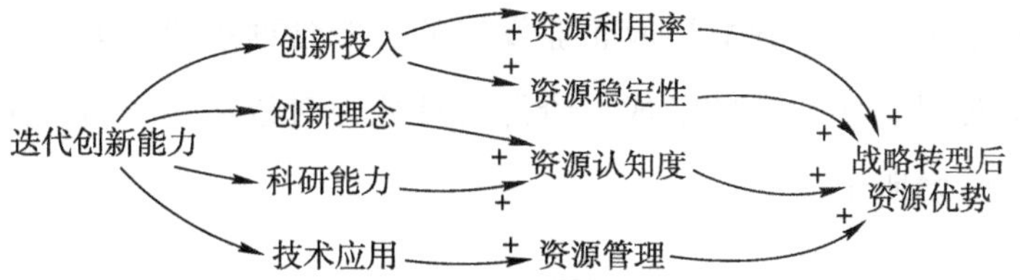

图 6-21 迭代创新能力战略转型后对资源优势的影响路径

（三）组织学习能力对战略转型后资源优势的影响路径

组织学习能力对战略转型后资源优势的影响有三个方面：①以学习共享和开放学习为核心的路径。学习可以逐步加深员工对企业资源内涵的理解，有助于在实际工作中提升员工对资源管理的能力，从而促进资源优势的获得。②以研习制度为核心的路径。制定员工奖惩机制和有效管理措施，避免资源浪费和低效转化，从而促进资源优势的形成。③以学习愿景为核心的路径。引导组织及员工树立明确的资源管理目标，在实际工作中按照目标逐一完成，充分发挥资源的效用，从而促进资源优势的形成。组织学习能力对资源优势的影响路径如图6-22所示。

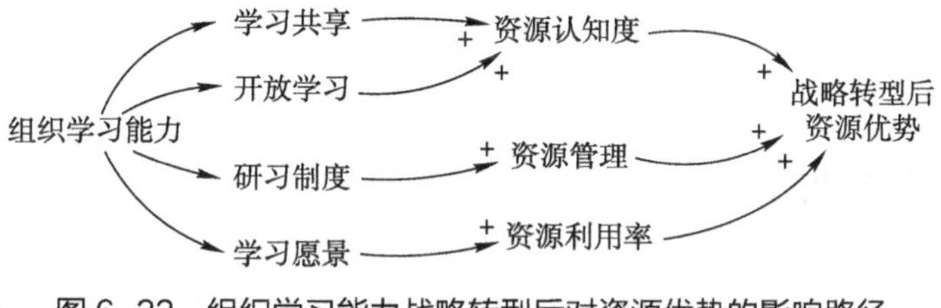

图 6-22 组织学习能力战略转型后对资源优势的影响路径

（四）资源管理能力对战略转型后资源优势的影响路径

资源管理能力对战略转型后资源优势的影响有三个方面：①以技术支持和员工培训为核心的路径。运用互联网技术进行企业资源管理，重视员工定期培训和岗前教育，有效利用互联网技术手段监测和辅助工作流程，帮助员工逐步提升资源管理能力，从而促进资源优势的获得。②以推陈机制为核心的路径。企业内部资源是有限的，资源管理制度应该灵活多变，需要在不断完善制度的过程中提升资源管理的能力，从而促进资源优势的形成。③以资源配置为核心的路径。建立适应企业发展的资源管理系统，突出企业资源的价值，从而促进资源优势的形成。资源管理能力对战略转型后资源优势的影响路径如图6-23所示。

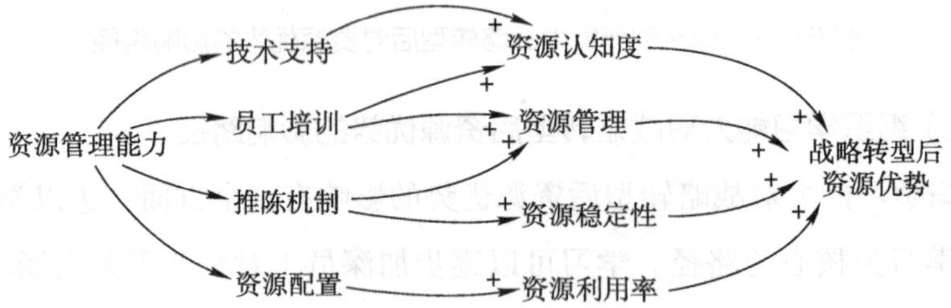

图 6-23　资源管理能力对战略转型后资源优势的影响路径

第四节　互联网能力对建筑企业战略转型作用机理的动力模型及仿真

一、建立动力模型

系统动力学理论认为系统是一个信息反馈的集合体，通过信息反馈得到系统内所有组成部分的状态、相互关系等内容，用符号和方程式对这些内容加以描述，再结合系统因果关系图便能得到该系统的动力学模型[3]。

由系统因素的基本结构、相互影响机理和作用路径结果可知，任何一个系统路径中均存在着一个增加型回路，将互联网能力的多个维度能力对战略转型后竞争优势的四个方面影响路径引入因果回路图，则得到互联网能力对建筑企业战略转型的影响因果关系图和影响路径图，分别如图6-24和图6-25所示。

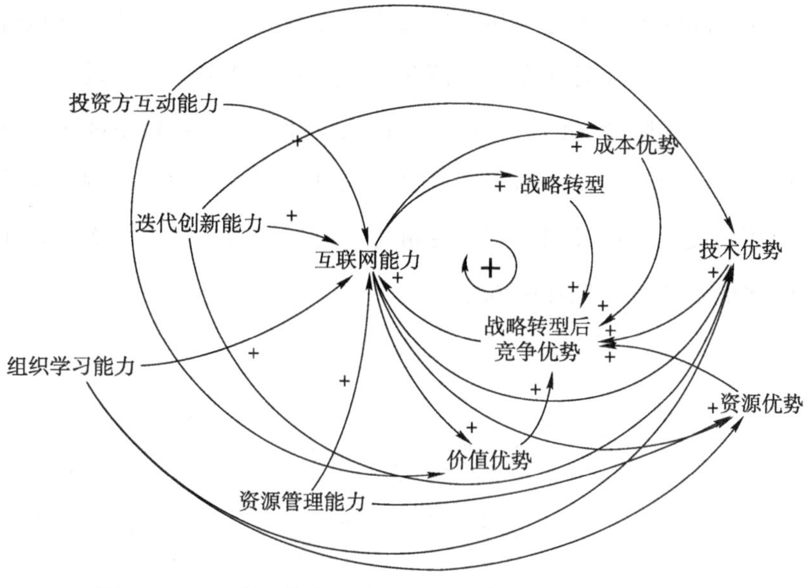

图 6-24　互联网能力影响建筑企业战略转型的因果关系图

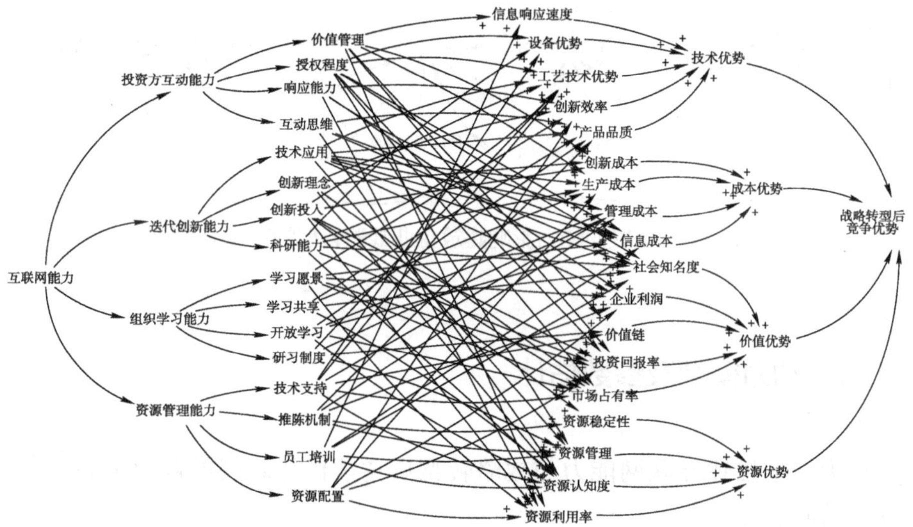

图 6-25　互联网能力影响建筑企业战略转型的路径图

绘制存量流量图可以在因果关系图的基础上进一步确定各变量之间的逻辑关系[4]，其中主要包括：状态变量、速率变量、辅助变量和常量。状态变量又称存量，是描述系统的累积效应的变量，在某个时间间隔内累积变量等于这个时间间隔同输入流速率和输出流速率之差的积。速率变量又被称为流量，是描述状态变量随时间变化的情况。辅助变量是系统运行过程的中间变量，主要根据其实际意义的定义进行方程式设计。常量是指不随时间变化而改变的变量，可以直接输入给速率变量，也可以通过辅助变量输入给速率变量。根据因果关系图以及引入其他变量可以得到互联网能力影响建筑企业战略转型的存量流量图，如图6–26所示。

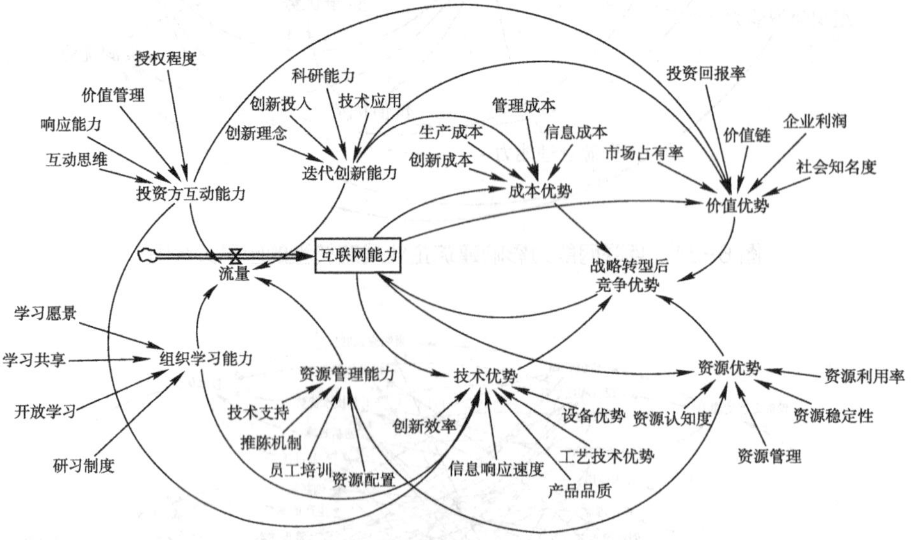

图6–26 互联网能力影响建筑企业战略转型的存量流量图

二、动力模型及参数估计

动力模型描述互联网能力与战略转型后竞争优势之间的逻辑关系，其参数估计说明如下：

1）存量：互联网能力指的是系统中起到累积作用的量，则

互联网能力=integ（流量+战略转型后的竞争优势，初始值）

其中，初始值假设为1。

2）速率变量：流量。速率变量是辅助变量的函数，则

流量=投资方互动能力+迭代创新能力+组织学习能力+资源管理能力

3）辅助变量：指投资方互动能力、迭代创新能力、组织学习能力、资源管理能力、成本优势、价值优势、技术优势、资源优势、战略转型后的竞争优势。根据所得的因果逻辑以及路径分析可得出：

投资方互动能力=互动思维+响应能力+价值管理+授权程度

迭代创新能力=创新理念+创新投入+科研能力+技术应用

组织学习能力=学习共享+开放学习+研习制度+学习愿景

资源管理能力=技术支持+推陈机制+员工培训+资源配置

成本优势=创新成本+生产成本+管理成本+信息成本+迭代创新能力

价值优势=价值链+市场占有率+投资回报率+企业利润+企业社会知名度+投资方互动能力+迭代创新能力

技术优势=信息响应速度+创新效率+产品品质+设备优势+工艺技术优势+组织学习能力+投资方互动能力

资源优势=资源认知度+资源利用率+资源稳定性+资源管理

4）常量：直接用常数对确定的常量进行赋值，通过专家评估或参考权威资料等方式获得其余数值，详见表6-2。

表6-2 动力模型常量赋值参考表

常量	数据来源及处理方法	赋值
互动思维	数据来自《2019 中国科技统计年鉴》《中国统计年鉴》以及问卷的相关数据统计等。数据处理软件为 SPSS 23.0	0.2985
响应能力		0.3022
价值管理		0.3047
授权程度		0.2923
创新理念		0.3000
创新投入		0.2839
科研能力		0.2875
技术应用		0.2971
学习共享		0.3224
开放学习		0.3037

续表

常量	数据来源及处理方法	赋值
研习制度	数据来自《2019 中国科技统计年鉴》《中国统计年鉴》以及问卷的相关数据统计等。数据处理软件为 SPSS 23.0	0.2920
学习愿景		0.3262
技术支持		0.3037
推陈机制		0.2902
员工培训		0.2927
资源配置		0.3418
信息响应速度		0.2511
创新效率		0.2892
产品品质		0.3013
设备优势		0.2215
工艺技术优势		0.2670
价值链		0.1514
市场占有率		0.2673
投资回报率		0.2342
企业利润		0.3051
企业社会知名度		0.1596
资源认知度		0.1526
资源利用率		0.2581
资源稳定性		0.2463
资源管理		0.3512
创新成本		0.3081
生产成本		0.2150
管理成本		0.3533
信息成本		0.1561

三、动力模型仿真分析

为了从系统动力学角度详细地分析互联网能力对战略转型后竞争优势的影响，需要对系统模型进行仿真模拟并对结果进行分析。在该动力模型系统内进行互联网的四种能力对战略转型后竞争优势的灵敏性模拟，以检验互联网能力对建筑企业战略转型的作用机理。

（一）模型仿真

在模型的初始化阶段，设定时间段为0～3年，时间步长为0.20，通过检验并运行模型，得到互联网能力与战略转型后竞争优势的变化情况，如图6-27、图6-28所示。

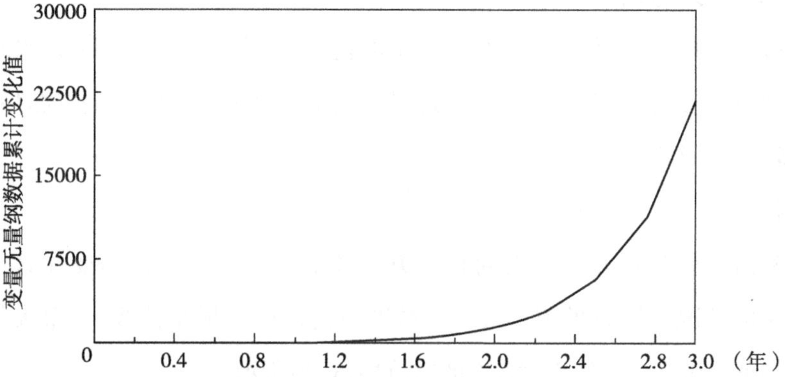

图 6-27 互联网能力变化情况

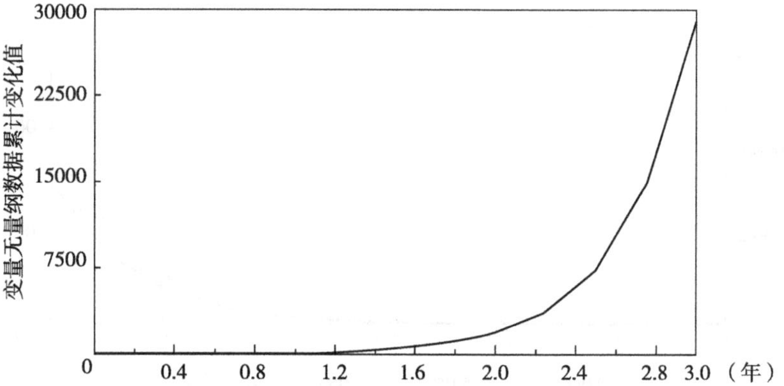

图 6-28 战略转型后竞争优势变化情况

由图6-27、图6-28可知，互联网能力与战略转型后的竞争优势经过3年仿真训练，其数值不断递增，呈现为指数型的增长，且后期的增速有逐渐加快的趋势。随着时间的推移，战略转型后的竞争优势会更加明显，是因为互联网能力的提升对建筑企业战略转型的影响愈加显著，由此形成一个不断增强的正向循环。仿真结果也验证了理论分析结论，因为随着投资方互动能力、迭代创新能力、组织学习能力和资源管理能力的提升，互联网能力也会逐渐提升，加速了技术优势、成本优势、价值优势和资源优势的形成，从而促进了建筑企业战略转型后竞争优势的形成与巩固。

（二）灵敏性分析

灵敏性分析是指系统或模型在特定的范围，研究与分析输出结果对某些参数或限制量变化的敏感程度。通过灵敏度分析可以看出哪些参数对系统或模型有较大的影响[5]。

1. 投资方互动能力的灵敏度

观察战略转型后竞争优势对投资方互动能力的灵敏性，需要在其他环境变量不变的情况下进行模拟。设定常数变量的范围：最小值为0，最大值为1，单位增加值为0.01。灵敏性模拟的结果如图6-29所示。

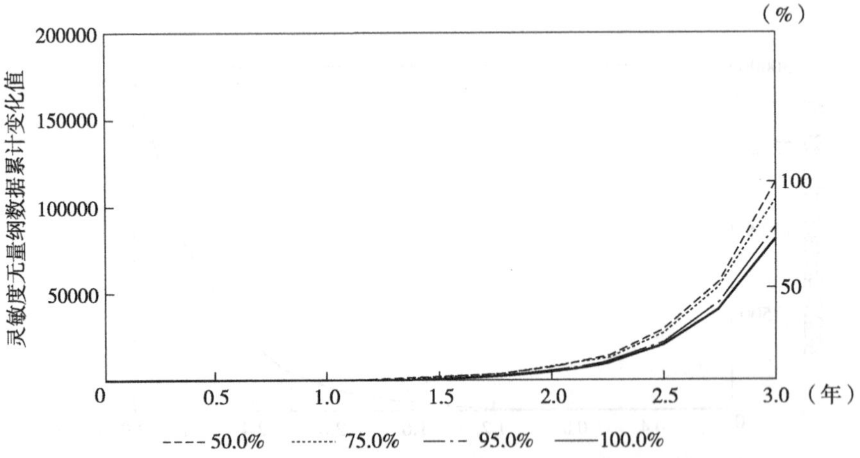

图6-29　战略转型后竞争优势对投资方互动能力的灵敏度

由图6-29可知，当其他环境变量不变时，在边界条件固定的前提下，建筑企业战略转型后的竞争优势对投资方互动能力具有敏感性，且分别对互动思维、响应能力、价值管理和授权程度敏感。图中前期敏感性的显示宽度较小，没有明显的变化趋势，但在中后期宽度逐渐扩大，且扩大速度越来越快，意味着投资方互动能力会促进建筑企业战略转型后的竞争优势获取；虽然前期并没有明显的效果，但是能持续提升企业投资方互动能力，战略转型后竞争优势获得的成功率会明显提高。

2. 迭代创新能力的灵敏度

观察战略转型后竞争优势对迭代创新能力的灵敏性，同样需要在其他环境变量不变的情况下进行模拟。设定常数变量的范围：最小值为0，最大值为1，单位增加值为0.01。灵敏性模拟的结果如图6-30所示。

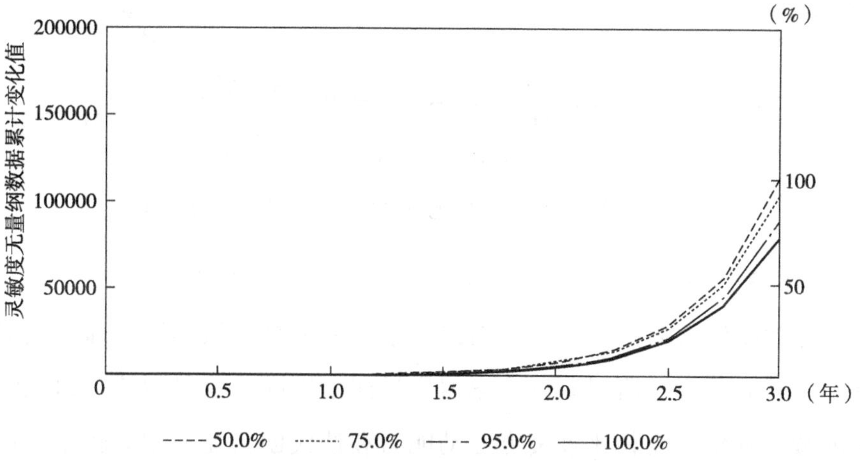

图 6-30　战略转型后竞争优势对迭代创新能力的灵敏度

由图6-30可知，当其他环境变量不变时，在边界条件固定的前提下，建筑企业战略转型后的竞争优势对迭代创新能力具有敏感性，且分别对创新理念、创新投入、科研能力和技术应用四个维度的变量敏感。与投资方互动能力的敏感度变化情况相似，前期敏感度未充分体现，但随着后期能力的提升会逐渐加大对建筑企业战略转型的影响，意味着迭代创新能力会促进建筑企业战略转型竞争优势的形成，且持续提升迭代创新能力，战略转型后的竞争优势会显现。

3. 组织学习能力的灵敏度

观察战略转型后竞争优势对组织学习能力的灵敏性，需要在其他环境变量不变的情况下进行模拟。设定常数变量的范围：最小值为0，最大值为1，单位增加值为0.01。灵敏性模拟的结果如图6-31所示。

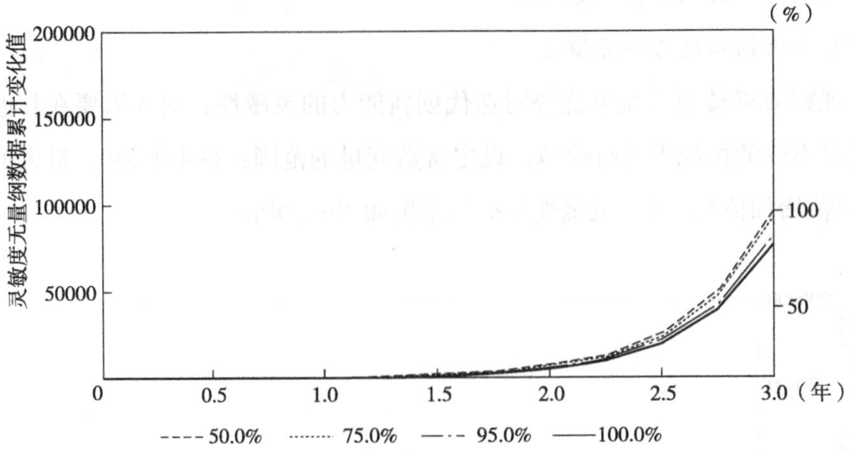

图6-31　战略转型后竞争优势对组织学习能力的灵敏度

由图6-31可知，当其他环境变量不变时，在边界条件固定的前提下，建筑企业战略转型后的竞争优势对组织学习能力具有敏感性，即分别对学习共享、开放学习、研习制度和学习愿景四个维度的变量敏感。组织学习能力的敏感变化程度相比投资方互动能力和迭代创新能力相对较小，速度也较为缓慢。组织学习能力在后期也会加大影响程度，虽然敏感图显示的面积较小，但呈现逐渐增长的趋势，意味着组织学习能力在后期对建筑企业战略转型有着较为明显的促进作用，也能提高战略转型后竞争优势的形成。

4. 资源管理能力的灵敏度

观察战略转型后竞争优势对资源管理能力的灵敏度，需要在其他环境变量不变的情况下进行模拟。设定常数变量的范围：最小值为0，最大值为1，单位增加值为0.01。灵敏性模拟的结果如图6-32所示。

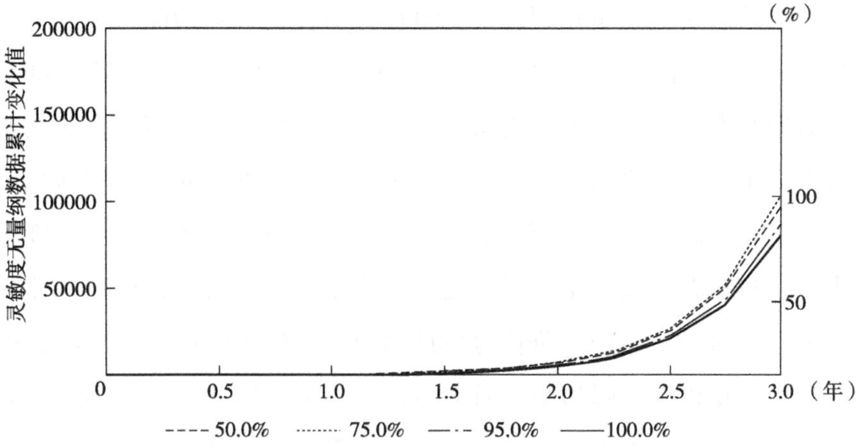

图 6-32　战略转型后竞争优势对资源管理能力的灵敏度

由图6-32可知，当其他环境变量不变时，在边界条件固定的前提下，建筑企业战略转型后的竞争优势对资源管理能力具有敏感性，即分别对技术支持、推陈机制、员工培训和资源配置四个维度的变量敏感。资源管理能力与组织学习能力表现相似的态势，后期能力的提升会对建筑企业战略转型产生影响，但是后期敏感性变化程度相对于投资方互动能力和迭代创新能力较小。通过其变化速度可知，资源管理能力比组织学习能力更能影响战略转型后竞争优势的形成，意味着资源管理能力能够促进建筑企业战略转型竞争优势的形成，后期的资源管理能力会使战略转型的竞争优势持续显现。

（三）结果分析

根据系统模型仿真的结果可知，互联网能力和战略转型后的竞争优势随着企业逐渐完成转型而逐步增强，并且呈现快速增长的态势。根据灵敏度分析结果可知，建筑企业战略转型后的竞争优势对互联网能力的变化具有敏感性，即对投资方互动能力、迭代创新能力、组织学习能力和资源管理能力的变化是敏感的，并且这四种能力都对建筑企业战略转型有积极的作用，能够促进战略转型后竞争优势的形成。

从互联网能力四个构成因素上分析建筑企业战略转型后竞争优势的敏感度，在灵敏分析带状图中，带宽越大，说明越敏感，反之越不敏感。灵敏度分析结果表明，战略转型后的竞争优势对投资方互动能力和迭代创新能力的敏感度最相似，建筑企业逐渐提升投资方互动能力和迭代创新能力，在后期企业发展中显得尤为重要，并且随着敏感度提高，企业战略转型后获得竞争优势的成功率逐渐增大。因此，投资方互动能力和迭代创新能力是建筑企业战略转型的两个关键因素。从组织学习能力的灵敏度分析结果来看，建筑企业提升组织学习能力是为了增强软实力，所以相比其他能力来说，战略转型后的竞争优势对此构成因素的敏感度相对较小，但通过企业逐渐累积以及加强后呈现较为敏感的趋势。因此，组织学习能力也是企业互联网化进程不可或缺的，是达成建筑企业战略转型目标的主要因素。在资源管理能力方面，敏感图中同样呈现积极影响，前期处于低敏感状态，但达到预定水平标准后，敏感度快速增强。相较组织学习能力对建筑企业战略转型的影响效果则更为明显，因此资源管理能力是建筑企业战略转型的重要因素。

综上所述，通过构建互联网能力对建筑企业战略转型的系统动力学模型，进行模型仿真可知，互联网能力的确能正向影响建筑企业战略转型。通过灵敏度分析可知，互联网能力的四个指标对建筑企业战略转型后竞争优势的获得有着促进作用；同时，战略转型后的竞争优势对投资方互动能力和迭代创新能力的敏感度最大，其次是资源管理能力，对组织学习能力敏感度最小。

参考文献

[1] 任焕丽. 城市旅游化测度、系统动力学模型构建及仿真[D]. 大连：辽宁师范大学，2018.

[2] 顾菁. 信息化背景下中国城市化动力作用机理及仿真[D]. 西安：西安理工大学，2018.

[3] 林翔燕. 江苏省县域城镇化对碳排放的作用路径及其模拟仿真研究[D].

北京：中国矿业大学，2019.

[4] 孙玉洁. 山东省传统企业转型升级技术能力改造实现路径研究[D]. 青岛：青岛科技大学，2016.

[5] 庄招荣. 转型企业内部知识转移效能实证研究[D]. 泉州：华侨大学，2014.

第七章 | 互联网能力与建筑企业战略转型关系的实证研究

第一节 实证研究目的和假设条件

一、研究目的

探索建筑企业战略转型，既要从理论角度分析互联网能力及其维度与战略转型存在的关系，也需要将理论成果转化为研究的假设条件，并结合样本数据从实证角度进行研究。因此，本章研究的主要目的：一是将相关变量引入实证分析，在理论研究和动力学仿真结果基础上提出基础假设条件，便于进一步验证互联网能力及其维度与战略转型后竞争优势之间的相关关系；二是在样本数据检验中分析互联网能力及其维度对建筑企业战略转型的作用路径和影响程度，探析建筑企业的互联网能力如何成为实现企业战略转型的有利条件，并根据实证研究结果为引导建筑企业调整战略布局、提出转型策略提供理论依据。

二、假设条件

（一）关于互联网能力与企业战略转型的假设

波特在竞争战略及竞争优势理论中指出，企业经过战略转型后寻求更具优势的市场竞争力，是企业在市场竞争中赖以生存的不二法则。随着互联网科学技术和新兴建筑技术的发展，互联网已经与建筑业各个领域深度融合，互联网能力逐渐成为建筑企业综合实力的重要组成部分，在促进建筑企业实现互联网转型的同时，帮助建筑企业获得竞争优势。不断深入对互联网能力的研究与探索，使建筑企业逐渐明确互联网能力如何影响企业战略转型过程以及如何对竞争优势获取产生作用。在建筑企业进行组织结构调整或重组、市场拓展及经营转型时，充分发挥互联网的“思维骨架”作用，引导企业向更加适合自身发展的方向转型，依靠互联网技术更好地发挥其具有的技术、资源、成本、价值等优势，为建筑企业提高市场竞争力提供保障，进一步提高企业在行业的知名度和社会影响力，为可持续发展奠定良好基础。

假设条件1：互联网能力作为一种企业能力，能够更好地引导建筑企业进行战略转型，并帮助其获得竞争优势，即互联网能力和战略转型后的竞争优势之间存在正相关关系。

（二）关于投资方互动能力与企业战略转型的假设

随着建筑企业市场规模持续扩大，为实现可持续发展，企业需要与综合实力强的投资方合作，以提升投资方在与建筑企业合作过程中的地位。在以往的建筑工程建设过程中，投资方大多只向建筑企业提供资金支持或是管理上的帮助。随着互联网技术在建筑业的深入应用，促进了投资方与建筑企业之间的联系和沟通，使投资方通过更多的渠道和方式与建筑企业展开合作，在创造产品价值的同时提升了企业的经营绩效和投资方的投资效益。提升建筑企业的投资方互动能力，在增强企业获取竞争优势方面发挥着重要的作用。建筑企业提升投资方互动能力不仅能够提高自身的经济效益，还能在与投资方的良好互动中促进创新能力的提升。建筑企业与投资方之间的互动是合作理念的重要体现，强调投资方不仅作为资金的供应者，还是开发过程的监督者。同时，建筑企业的互动强调与投资方之间的交流，有助于实现信息的有效获取和共享，以此快速了解投资方的需求，提供差异化服务，提高投资方的满意度，并增强投资方的投资意愿。

假设条件2：提升投资方互动能力能够促进建筑企业与投资方之间的关

系，并推动建筑企业进行创新以满足投资方的需求并提高其投资意愿，进而促进建筑企业通过互联网能力实现战略转型，获得新的竞争优势，即投资方互动能力与战略转型后的竞争优势之间存在正相关关系。

（三）关于迭代创新能力与企业战略转型的假设

20世纪80年代，针对企业的创新能力学者展开了研究，部分学者认为企业的创新能力水平高低能够直接影响企业的经济效益及未来的发展趋势。部分学者认为企业的创新能力以及创新思维与其竞争优势的形成之间存在必然的因果关系，依靠创新可以为企业发展创造更多的活力，提升企业的竞争力，赢得更多的生存空间和发展途径。创新能力不仅是指企业对自有资源和技术二次创造的能力，还包括运用新知识作为基础进行探索性创造的能力。创新可以完善企业的知识体系、制度体系和资源管理体系，更高效地对资源进行配置，提高生产效率和服务质量。同时，创新能力能够促进企业向着可持续、高效益的方向发展。如果企业不能通过提升创新能力而提高自身的市场竞争力赢得市场份额，就会逐渐被市场淘汰。

综上所述，随着市场竞争环境变化，企业需要及时调整自身发展策略，积极寻求创新发展的机会，通过提升创新能力促进企业组织结构的完善、制度体系的健全、经营管理的现代化，从而在不断变化的市场环境中得以生存和发展。迭代创新能力是企业获得竞争优势的重要因素，能促进企业组织绩效的提高，因此企业战略转型后竞争优势与企业创新能力之间存在相互影响关系。由此，将建筑企业战略转型后竞争优势与迭代创新能力之间的作用机理作为假设条件进行实证研究。

假设条件3：建筑企业凭借其创新迭代能力通过战略转型获得新的竞争优势，即迭代创新能力与战略转型后的竞争优势之间存在正相关关系。

（四）关于组织学习能力与企业战略转型的假设

具备较强的组织学习能力是企业成功的关键要素之一。可以把企业的组织学习能力概括为学习共享、开放学习、制度建立、学习愿景4个方面。学习共享是指在企业共同工作的个体能够拥有集体思维，对企业发展和管理具有较为一致的认同感，愿意在集体中进行信息共享；开放学习是指企业可以借助自身的资源为员工提供开放性的信息渠道和学习场所，使员工的个人能力、技能水平在学习过程中得到提升；制度建立是指通过完善组织学习的制度和规范，在企业全体成员中培育组织学习的思维和理念，并在学习过程中依靠相关制度起到过程监管的作用，以此提升企业组织学习的整体效果和学习能力；学习愿景是在企业发展过程中建立良好的内部学习环境，让员工对组织学习行为有更高的认同感，并具有一定执行力。组织学习能力的提升需要企业决策层从企业发展的全局进行考虑，制订较为详细的学习计划、近远期目标、学习策略以及落实措施，同时为员工提供学习的基础条件和支撑环境。企业应该将发展战略作为组织学习的最终目标，对目标进行分解和细化，并依据企业内部组织的构成将目标具体到每一位员工，使员工在良好的学习氛围中将个人发展与企业发展愿景深度融合[1]。只有实现协同发展，才能让员工始终保持持续学习和进步的状态。另外，企业领导者在制定管理制度时应对员工职责进行划分，不仅能够促进员工寻求个人发展，还有助于员工之间形成良好的互助、互学、共享、协同的工作氛围，在提升员工个人工作能力的同时，促进企业组织学习能力的提高。组织学习能力水平的高低可以反映企业的管理状态，较强的组织学习能力能够促进企业产品的质量水平和服务水平提升，为企业带来更高的经济效益。同时，依靠组织学习可以不断提高企业和员工的创造力，即具有较强组织学习能力的企业更容易进行产品和服务的创新，从而获得更多竞争优势，提高企业的可持续发展力。

假设条件4：组织学习能力与战略转型后的竞争优势之间存在正相关关系。

（五）关于资源管理能力与企业战略转型的假设

资源管理能力，一是指企业对现有资源进行配置以及对新资源扩展或获取的能力，二是指依靠企业资源提升企业产出效益和经营效益的能力。企业资源一般包括人力资源、信息资源、制度资源、技术资源、物质资源等内容，因此企业的资源管理能力对应体现在员工培训、制度更新、技术支持、配置优化等方面。企业寻求转型发展的关键要素便是提升企业资源管理能力，企业资源的配置不合理和利用转化方式陈旧，都会使资源得不到合理利用，导致管理效率低下，最终转型失败。建筑企业可以依靠现有的资源管理政策实现对企业资源的合理配置，有效地提高资源利用率，充分发挥资源的效用，以此提高企业的竞争优势并获得较好的经济效益。以人力资源管理为例，员工作为企业组织的重要组成部分，其工作效率的高低直接影响企业的运行状态，通过合理的人力资源管理措施，制定引导机制和激励机制提升人力资源效能，使员工的个人发展得以改善，有效引导员工行为向企业发展战略倾斜。经过长期的内部协作最终使员工行为与企业目标保持一致，从而提升人力资源的利用效率，也间接降低了企业的管理成本。根据基础性资源理论，企业资源均具有独一性、价值性、稀有性等特点，这些特点是企业立足于市场的关键所在，并在很大程度上为企业带来了更大的竞争优势。无论是企业的人力资源，还是独特的企业文化和独创的技术，以及组织间、团队间特定的人际关系，这些具有不可取代性的资源都为企业转型升级和竞争优势的形成起到了重要的促进作用。

假设条件5：较强的企业资源管理能力能够促进建筑企业通过互联网能力战略转型获得新的竞争优势，即资源管理能力与战略转型后竞争优势之间存在显著的正相关关系。

第二节　互联网能力与建筑企业战略转型关系研究设计

一、实证研究变量的定义与测量

研究问卷采用李克特五级量表范式，建立适用于本研究对象的具体量表，进行调查问卷的整体设计。

（一）互联网能力及其维度的定义与测量

1. 投资方互动能力

投资方互动能力是建筑企业与投资方进行有效互动，及时响应投资方个性化需求，在互动过程中获取信息，提升建筑企业提供建筑产品和配套服务的能力[2]。投资方互动能力是在互联网环境中促进建筑企业和投资方加深交流的重要能力。测量投资方互动能力的基本维度包括互动思维、响应效率、价值管理、授权程度等内容。在研究问卷中设计“企业与投资方积极建立联系”“企业积极响应投资方需求”等4个投资方互动能力题项，要求被调研者结合所在企业的实际情况与题项描述的符合程度进行打分，“1分”表示非常不符合，“5分”表示非常符合。

2. 迭代创新能力

迭代创新能力是指建筑企业通过资源重组实现技术、管理、服务、生产等方面的能力的提升。建筑企业迭代创新能力的测量维度包括创新理念、创新投入、科研能力、技术应用等内容，在研究问卷中设计“企业具有一定创新理念及意识”“企业在创新过程中进行了较多资金或人力投入”等4个迭代创新能力题项，要求被调研者结合所在企业的实际情况与题项描述的符合程度进行打分。

3. 组织学习能力

组织学习能力是建筑企业有意识地进行信息和知识的获取，并将知识传递和信息共享相协调，充分运用知识创造价值的能力[3]。衡量组织学习能力的基本维度包括学习共享、开放学习、研习制度、学习愿景等内容。在研究问卷中设计“企业积极组织共享学习”“企业积极组织进行开放性学习”等4个组织学习能力题项，要求被调研者结合所在企业的实际情况与题项描述的符合程度进行打分。

4. 资源管理能力

资源管理能力是建筑企业进行资源调度、资源利用的能力，是对企业中人力、生产、研发、文化等“有形”或“无形”资产的控制和利用能力。依靠资源管理能力能够提升企业的生产绩效和经营绩效。衡量企业资源管理能力的基本维度包括推陈机制、员工培训、资源配置等内容。在研究问卷中设计“企业具有进行资源管理的相关互联网技术”“企业及时依据资源管理的保障程度进行制度更新”等4个资源管理能力题项，要求被调研者结合所在企业的实际情况与题项描述的符合程度进行打分。

互联网能力量表如表7-1所示。

表7-1　互联网能力量表

	自变量	释义	维度	问卷题项
互联网能力	投资方互动能力	企业与投资方进行有效互动，获取信息完善企业经营与服务的能力	互动思维	企业与投资方积极建立联系
			响应效率	企业积极响应投资方需求
			价值管理	企业通过互联网技术对投资方进行价值评估
			授权程度	企业借助互联网平台对投资方授权
	迭代创新能力	企业有意识进行技术、制度创新，并进行投入获取进步的能力	创新理念	企业具有一定创新理念及意识
			创新投入	企业在创新过程中进行了较多资金或人力投入
			科研能力	企业重视自身的互联网科研能力并进行了科学研究
			技术应用	企业能够将科研成果进行转化
	组织学习能力	企业统筹学习目标、制度、形式，提升组织学习能力	学习共享	企业积极组织共享学习
			开放学习	企业积极组织开放性学习
			研习制度	企业建立了组织学习的管理制度
			学习愿景	企业进行组织学习的目标明确
	资源管理能力	企业对资源调度、配置，提高企业资源利用效率的能力	技术支持	企业具有进行资源管理的相关互联网技术
			推陈机制	企业及时依据资源管理的保障程度进行制度更新
			员工培训	企业针对员工积极进行互联网应用培训
			资源配置	企业具备资源优化管理能力，提高资源管理效率

（二）战略转型后竞争优势定义与测量

建筑企业战略转型后竞争优势是建筑企业在提升自身互联网能力后，获得的同竞争对手相比在同样的市场条件和经营环境下更有利于企业发展的优势，这些优势的获取是企业的投资方互动能力、迭代创新能力、组织学习能力、资源管理能力共同作用的结果，且竞争优势的内容较为丰富。因此，将建筑企业战略转型后竞争优势概括为成本优势、技术优势、价值优势、资源优势四个方面，目的是通过建筑企业在市场中不同的能力表现与竞争对手之间的差异来体现企业的整体竞争优势。战略转型后竞争优势是较为抽象的概念，难以通过企业的实际数据进行衡量，因此考虑将企业的互联网转型后竞争优势放在相同市场环境下与同行业企业进行比较，且要考虑到企业之间这些优势的可比性。因此在研究问卷的设计时，题项均设置为与同行业企业对比，并根据不同优势下不同维度考虑题项内容，以满足问卷设计的需要。

1. 成本优势

成本优势是指企业通过组织学习、创新开发、资源配置优化等企业管理手段，实现企业组织结构优化、创新能力提升、资源配置高效等目标，从而提高企业资源利用效率。同时，企业能够在有限的市场资源下做出精准研判，进而确定企业的经营与管理目标，提高生产效率，以此节省生产、运营及管理成本。企业成本优势主要包括创新成本、生产成本、管理成本、信息成本等内容。在研究问卷中设计“与同行业竞争对手相比，企业依靠创新实现成本管理优化”“与同行业竞争对手相比，企业生产成本控制更优”等4个成本优势题项，要求被调研者结合所在企业的实际情况与题项描述的符合程度进行打分，“1分”表示非常不符合，“5分”表示非常符合。

2. 技术优势

技术优势是企业在建筑产品及配套服务中技术和创新工艺与市场同行业竞争对手相比所占据的优势，表现为企业通过新兴技术实现信息高效处理、高新技术和设备引进以及创新研究，能够在建筑产品生产和服务过程中提供高质量的技术支持，主要包括信息响应速度、创新效率、产品品质、设备优势、工艺技术优势等内容。在研究问卷中设计“与同行业竞争对手相比，企业具有更快的信息响应速度”“与同行业竞争对手相比，企业具有更高的创新效率”等5个技术优势题项，要求被调研者结合所在企业的实际情况与题项描述的符合程度进行打分。

3. 价值优势

价值优势是企业在相同市场条件和环境下通过经营活动产生的最大效益，以及在市场中产生较大的影响，包括在同行业中的市场份额、品牌效益等，因此企业的价值优势分为企业的价值链、市场占有率、投资回报率、企业利润、社会知名度等内容。在研究问卷中设计“与同行业竞争对手相比，企业具有更完整的建筑产品价值链”“与同行业竞争对手相比，企业具有更高的投资回报收益”等5个价值优势题项，要求被调研者结合所在企业的实际情况与题项描述的符合程度进行打分。

4. 资源优势

资源优势源于企业自身独特的、能为投资方创造更高价值的资源，可以帮助企业在与同行业竞争中获益，这些资源具有稀缺性、不可流动性、不可模仿性、渗透性等特性。同时，在资源利用方面能够通过高效的配置手段，持续为企业创造价值，并帮助企业形成技术优势、成本优势、品牌优势[4]等。因此企业资源优势的基本维度包括资源认知度、资源利用率、资源稳定性、资源管理等内容。在研究问卷中设计“与同行业竞争对手相比，企业对自身资源的认知更清晰”“与同行业竞争对手相比，企业能够高效利用资源以突出其价值”等4个资源优势题项，要求被调研者结合所在企业的实际情况与题项描述的符合程度进行打分。

战略转型后竞争优势量表如表7-2所示。

表7-2 战略转型后竞争优势量表

战略转型后竞争优势	因变量	释义	维度	问卷题项
	成本优势	企业建筑产品及配套服务的生产和管理成本优势	创新成本	与同行业竞争对手相比，企业依靠创新实现成本管理优化
			生产成本	与同行业竞争对手相比，企业生产成本控制更优
			管理成本	与同行业竞争对手相比，企业管理成本的作用力更高效
			信息成本	与同行业竞争对手相比，企业信息成本利用率更高效

续表

	因变量	释义	维度	问卷题项
战略转型后竞争优势	技术优势	企业通过技术的掌握、运用和创新，提高产品和服务质量的优势	信息响应速度	与同行业竞争对手相比，企业具有更快的信息响应速度
			创新效率	与同行业竞争对手相比，企业具有更高的创新效率
			产品品质	与同行业竞争对手相比，企业对自身建筑产品及服务质量的要求更高
			生产设备	与同行业竞争对手相比，企业具有更高效且先进的生产设备
			工艺技术	与同行业竞争对手相比，企业具有更先进的生产工艺及技术
	价值优势	企业能够创造更大的价值并具有一定市场影响力	价值链	与同行业竞争对手相比，企业具有更完整的建筑产品价值链
			市场占有率	与同行业竞争对手相比，企业占有更高的市场份额
			投资回报率	与同行业竞争对手相比，企业具有更高的投资回报收益
			企业利润	与同行业竞争对手相比，企业具有更高的收益
			社会知名度	与同行业竞争对手相比，企业在市场中具有更高的知名度
	资源优势	企业对于自身内外资源利用的优势	资源认知度	与同行业竞争对手相比，企业对自身资源的认知更清晰
			资源利用率	与同行业竞争对手相比，企业能够高效利用资源以突出其价值
			资源稳定性	与同行业竞争对手相比，企业拥有更稳定的资源
			资源管理	与同行业竞争对手相比，企业具有更出色的资源管理能力

二、研究问卷设计

研究对象为建筑企业互联网能力与战略转型后竞争优势，目的是通过问卷调查和实证分析探究互联网能力与建筑企业战略转型后竞争优势之间的关系，研究的主要内容包括互联网能力下的投资方互动能力、迭代创新能力、组织学习能力、资源管理能力，以及竞争优势下的成本优势、技术优势、价值优势、资源优势。

首先，在完成问卷框架的基础上将研究内容细分为不同的问卷指标，设定问卷的测度指标时参考了第五章所建立的测度指标体系。其次，对问卷进行分析和讨论，邀请建筑领域专家和部分建筑企业管理者对问卷内容进行分析，并对问卷中自变量和因变量进行讨论，主要围绕其内容与研究的契合度、变量自身的完整性以及变量间互斥性方面的内容展开分析。最后，确定问卷，对问卷进行预调研，预调研后将收集的数据进行整理，并检验问卷的信度和效度，在信效度检验满足要求的基础上继续对问卷题项进行调整和修改，以确保问卷的客观性、完整性和科学性，最终形成本研究的调查问卷，详见附录3。

调查问卷由问卷基本说明、建筑企业基本信息、互联网能力量表、互联网战略转型后竞争优势量表四部分组成，共计39个题项。其中，建筑企业基本信息部分为单项选择题，涉及被调查建筑企业和被访者的背景考察，包括所属类别、所有制类型、成立时间、企业员工规模、被访问者从属部门等，共计5题；互联网能力量表和互联网战略转型后竞争优势量表均采用李克特五级量表设置，共计34题，要求被访问者依据所在企业的实际情况与题项描述的符合程度从低到高对题项进行赋分，分值为1~5分，“1分”表示非常不符合，“5分”表示非常符合。

三、研究方法分析

本章对互联网能力与建筑企业战略转型关系研究采用实证分析的方法，在调查问卷设计和发放后，依据回收的样本数据分析相关变量间的关系。问卷设计中选取的量表是在对相关的文献进行系统梳理后，并结合研究内容确定，能够满足研究的需要。运用SPSS和AMOS统计软件，对回收样本的原始数据进行分析，并分别采用逐步法和Bootstrap法对中介效应进行检验，最后通过结构方程模型进行模拟，从而验证一开始提出的假设条件与样本数据的一致性，并以此分析最终的作用路径。实证分析主要内容以及研究方法为：

1）信度分析：以Cronbach's α 值鉴定互联网能力、战略转型后竞争优势两个量表的信度。

2）效度检验：验证性因子分析。

3）相关性分析：自变量、中介变量、因变量的相关性统计分析。

4）中介效应分析：SPSS层级回归（逐步法）、Bootstrap检验。

5）结构方程：建立结构方程模型，从拟合结果中得出最终的作用路径。

第三节 问卷调查与数据分析

运用SPSS 23.0和AMOS 26.0软件对回收的有效问卷进行数据处理、描述性统计分析以及信效度检验，以确保所采用测量工具的有效性和可操作性。在信效度检验满足研究要求的基础上，再对变量进行相关性分析，其目的是根据分析结果对研究变量的关系进行初步探讨。

一、调查数据的收集

问卷发放和收集时间从2020年8月持续到11月，采用抽样的方法进行问卷发放和收集，发放途径包括：面对面调查、网络发放问卷以及邮件发放问卷。

围绕互联网能力与建筑企业战略转型后竞争优势之间的关系，开展问卷调查时，将调查对象确定为建筑企业的中高层管理人员、信息化建设人员及建筑企业内部核心职能主管，对建筑企业的选择也是以近年来实施互联网化的企业为主。在问卷发放前对调查对象进行了合理筛选，充分保障问卷调查信息获取的有效性。本次共计发放正式调查问卷200份，回收问卷186份，回收率为93%。对回收后的问卷统一进行预处理，未发现空余选项，问卷数据较为完整。回收问卷的分布区域范围包括四川、广东、重庆、山东、江苏、河南等地，地理来源如图7–1所示。

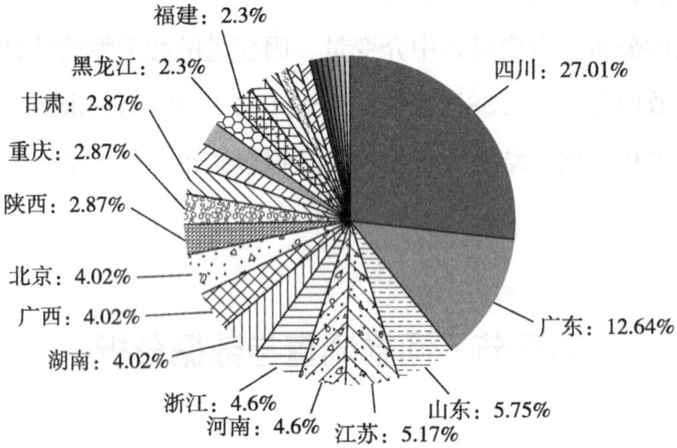

图 7–1　回收调查问卷地理来源

注：图中未标注的其他省份合计14.96%。

问卷的被访者中有来自建筑企业的中高层管理人士，考虑到不同入职年限对企业的互联网化情况认知影响较大，因此在回收问卷时依据被访者入职年限进行了筛选，保留了工作5年及以上的被访者问卷参考样本筛选条件[5]。在问卷整体的筛选过程中，充分考虑各样本的完整性和答卷的真实性，部分样本的题项答案明显与调查对象现实不符，此类样本数据将影响实证分析的合理性，故作为无效问卷予以剔除，最终形成可利用问卷174份，可利用率为93.55%。

二、描述性统计分析

（一）基本信息的描述性统计

对回收的有效问卷进行统计处理，其描述性统计如表7–3所示。

表7-3　样本基本信息的描述性统计

基本资料	项目	样本数	百分比
所属类别	专业化企业	43	24.7%
	建筑制品和构配件生产专业化企业	45	25.9%
	辅助、服务生产专业化企业	21	12.1%
	施工工艺专业化企业	22	12.6%
	其他建筑类企业	43	24.7%
所有制类型	国有	56	32.2%
	民营	82	47.1%
	中外合资	21	12.1%
	外商独资	6	3.4%
	其他	9	5.2%
成立时间	1~3 年	25	14.4%
	3~5 年	31	17.8%
	5~10 年	49	28.2%
	10~15 年	33	19.0%
	15~20 年	16	9.2%
	20 年以上	20	11.4%
企业规模	20 人以及下	17	9.8%
	21~50 人	30	17.2%
	51~100 人	26	14.9%
	101~300 人	38	21.8%
	301~500 人	20	11.5%
	500 人以上	43	24.8%
从属部门	信息部门	19	10.9%
	运营部门	27	15.5%
	项目部	36	20.7%
	采购部门	14	8.0%
	人力资源部门	24	13.8%
	财务部门	17	9.8%
	工程部	24	13.8%
	其他部门	13	7.5%

从表7–3可以看出：

参与调查的建筑企业所属类别的前三位分别是专业化企业、建筑制品和构配件生产专业化企业以及其他建筑类企业。其中，其他建筑类企业主要包括从事与建筑相关的服务类、咨询类企业，辅助、服务生产专业化企业和施工工艺专业化企业的样本相对较少，表明互联网科学技术主要用于建筑行业的专业化服务和资源供给等方面，在施工技术、专业建造等领域的运用仍在发展之中，互联网与建筑企业各领域的融合正逐渐深入。

从企业所有制类型角度来看，样本集中在国有和民营企业，分别占32.2%和47.1%，外商投资或外商独资的建筑企业样本相对较少。

从参与调查的企业成立时间角度来看，样本分布较为均衡，企业成立时间5～10年的占28.2%，10～15年的占19.0%，15～20年的占9.2%，20年以上的占11.4%。

在企业员工规模上，500人以上区间的样本数量最多，达到43家，占总样本比例的24.8%，其余样本较多为300人以下的规模，这与建筑企业所属类别以及自身经营范围有关。

从参与调查人员的从属部门角度来看，样本数量最大的是项目部，占比达20.7%，与建筑企业内部组织架构相符，大多中高层管理人员均从事项目管理相关工作，隶属于企业的项目部门。剩余样本均匀分布在建筑企业的各工作部门，表明被调查者的结构分布具有较强的代表性。

（二）相关变量的描述性统计

利用SPSS 23.0软件对相关变量进行描述性统计分析，结果如表7–4所示。

表7–4　相关变量描述性统计

研究变量		条目	名称	均值	标准差
互联网能力（自变量）	投资方互动能力	IC1	互动思维	3.95	0.755
		IC2	响应效率	3.89	0.825
		IC3	价值管理	3.77	0.822
		IC4	授权程度	3.80	0.860

续表

研究变量		条目	名称	均值	标准差
互联网能力（自变量）	迭代创新能力	IC5	创新理念	3.99	0.815
		IC6	创新投入	3.91	0.807
		IC7	科研能力	3.81	0.821
		IC8	技术应用	3.67	0.849
	组织学习能力	IC9	学习共享	3.98	0.717
		IC10	开放学习	3.92	0.793
		IC11	研习制度	3.88	0.841
		IC12	学习愿景	3.97	0.782
	资源管理能力	IC13	技术支持	3.83	0.854
		IC14	推陈机制	3.88	0.770
		IC15	员工培训	3.79	0.823
		IC16	资源配置	3.86	0.807
战略转型后竞争优势（因变量）	成本优势	CA1	创新成本	3.80	0.831
		CA2	生产成本	3.84	0.856
		CA3	管理成本	3.85	0.840
		CA4	信息成本	3.83	0.849
	技术优势	CA5	信息响应速度	3.87	0.816
		CA6	创新效率	3.75	0.820
		CA7	产品品质	3.93	0.783
		CA8	生产设备	3.82	0.885
		CA9	工艺技术	3.91	0.835
	价值优势	CA10	价值链	3.96	0.755
		CA11	市场占有率	3.82	0.824
		CA12	投资回报率	3.75	0.820
		CA13	企业利润	3.87	0.833
		CA14	社会知名度	3.89	0.863
	资源优势	CA15	资源认知度	3.90	0.776
		CA16	资源利用率	3.83	0.805
		CA17	资源稳定性	3.96	0.821
		CA18	资源管理	3.91	0.739

根据表7-4结果，问卷采用李克特五级量表，被调查者在互联网能力和战略转型后竞争优势两个变量下的测量指标的得分均值都大于3，量表结果均在中等水平以上。表明被访者对建筑企业的互联网能力与战略转型后竞争优势具有一定感知，在答题过程中充分结合了企业的实际情况。从变量的标准差值来看，互联网能力及其四个维度的标准差值均小于1，表明该部分样本数据波动较小；战略转型后竞争优势及其四个维度的标准差值均小于1，表明样本数据波动较小。

三、调查问卷的信度检验

信度是指检验调查问卷中题项对某一自变量与因变量产生影响的可信度，通过信度检验可以甄别调查问卷的题项设置是否合理，并分析由问卷调查获取的样本数据是否具有稳定性和科学性，以此判断是否能够运用数据进行下一步研究。问卷的信度按照内外维度可分为外在信度和内在信度，外在信度是检验调查数据在时间层面的一致性，内在信度则考察问卷题项之间的一致性。本书采用李克特量表对问卷题项进行设置，因而通过内在信度检验问卷，利用测量问卷内部逻辑的一致性对问卷的信度加以检测。对问卷内部逻辑一致性的信度检验，通常有“折半信度系数”和“Cronbach’s α系数”（克朗巴哈系数）两种方法。折半信度系数是将问卷的题项整体划分为两个部分，然后分别对题项进行分数计算，并将计算结果作相关性分析，从而得到题项间的相关系数。

Cronbach’s α系数可以通过公式计算得出，计算公式如下：

$$\alpha=\frac{K}{K-1}\left(1-\frac{\sum_{i=1}^{K}\sigma_{Y_i}^2}{\sigma_X^2}\right) \tag{7-1}$$

其中，K表示某一量表的题项数，σ_X^2为总样本的方差（各被调查者对某一量表各题项评分的总分方差），$\sigma_{Y_i}^2$为观测样本的方差（各被调查者在某一题项所作评分的方差）。普遍认为，Cronbach’s α系数与问卷信度成正比，即

Cronbach's α系数的数值越大则问卷的信度越高。Cronbach's α系数的值通常在[0,1]区间，如果α系数低于0.6，一般认为问卷的可信度不足；α系数在[0.7,0.8]区间时表示量表具有可观的信度；当α系数在[0.8,0.9]区间时说明量表信度较好。

本书采用Cronbach's α系数对研究问卷进行测量，并依据Nunnally的观点考察问卷的Cronbach's α系数是否大于0.6，从而判断是否具有基本的可信度。对问卷中互联网能力量表、各维度和战略转型后竞争优势量表及其各维度分别进行信度检验，以考察问卷整体的信度。

（一）互联网能力量表的信度分析

由表7-5可知，互联网能力量表的整体Cronbach's α值为0.918，表明量表整体信度较好。其中，投资方互动能力、迭代创新能力、组织学习能力和资源管理能力维度的Cronbach's α值分别为0.730、0.695、0.778、0.756，同时该量表所含题项的总相关系数CITC（Corrected-Item Total Correlation）值在0.444～0.77，大于0.4，表明本研究使用的互联网能力量表的题项之间具有较好的一致性和稳定性，即研究问卷自变量的信度较高，相关样本数据能够满足进一步研究需要。

表7-5　互联网能力量表的Cronbach's α信度分析结果

研究变量		题项	CITC	题项已删除的α系数	维度 Cronbach's α系数	整体 Cronbach's α系数
互联网能力	投资方互动能力	IC1	0.444	0.918	0.730	0.918
		IC2	0.652	0.912		
		IC3	0.747	0.909		
		IC4	0.682	0.911		
	迭代创新能力	IC5	0.688	0.911	0.695	
		IC6	0.592	0.914		
		IC7	0.616	0.913		
		IC8	0.582	0.914		

续表

研究变量		题项	CITC	题项已删除的 α 系数	维度 Cronbach's α 系数	整体 Cronbach's α 系数
互联网能力	组织学习能力	IC9	0.522	0.916	0.778	0.918
		IC10	0.548	0.915		
		IC11	0.675	0.911		
		IC12	0.71	0.91		
	资源管理能力	IC13	0.565	0.915	0.756	
		IC14	0.474	0.917		
		IC15	0.77	0.909		
		IC16	0.577	0.914		

标准化 Cronbach's α 系数：0.918

（二）战略转型后竞争优势量表的信度分析

根据表7–6战略转型后竞争优势量表的信度分析结果，竞争优势量表的整体Cronbach's α 值为0.921，远远大于0.7的水平，表明量表整体信度较好。另外，竞争优势下成本优势、技术优势、价值优势、资源优势等维度的Cronbach's α 系数分别为0.720、0.765、0.777、0.730，同时该量表所含题项的CITC值均大于0.4，表明本研究使用的竞争优势量表的题项之间具有较好的一致性和稳定性，即研究问卷因变量的信度较高，相关样本数据能够用于进一步研究。

表7–6 战略转型后竞争优势量表的Cronbach' s α信度分析结果

研究变量		题项	CITC	题项已删除的 α 系数	维度 Cronbach's α 系数	整体 Cronbach's α 系数
战略转型后竞争优势	成本优势	CA1	0.508	0.919	0.720	0.921
		CA2	0.501	0.919		
		CA3	0.483	0.92		
		CA4	0.719	0.914		
	技术优势	CA5	0.597	0.917	0.765	
		CA6	0.667	0.915		
		CA7	0.67	0.915		
		CA8	0.635	0.916		
		CA9	0.619	0.916		

续表

研究变量		题项	CITC	题项已删除的 α 系数	维度 Cronbach's α 系数	整体 Cronbach's α 系数
战略转型后竞争优势	价值优势	CA10	0.506	0.919	0.777	0.921
		CA11	0.568	0.918		
		CA12	0.651	0.916		
		CA13	0.713	0.914		
		CA14	0.629	0.916		
	资源优势	CA15	0.555	0.918	0.730	
		CA16	0.569	0.918		
		CA17	0.602	0.917		
		CA18	0.618	0.916		
标准化 Cronbach's α 系数：0.921						

四、效度检验——验证性因子分析

当前主流的效度检验方法主要有两种，一是对问卷中某一变量的得分与问卷总分的相关系数进行检测，二是运用因子分析法。本书考虑在指标体系的基础上采用因子分析进行效度检验。因子分析可以分为探索性因子分析（EFA）和验证性因子分析（CFA）。EFA是通过因子分析的结果提出理论架构，使用SPSS进行分析，多用于探索阶段，对初期各变量进行筛选并确定因子个数。CFA是在已经具备理论架构的基础上检验模型的正确性，分析理论模型与实际数据的适配度，进行假设检验。因本书已经构建互联网能力和战略转型后竞争优势的评价指标体系，且对调查问卷的信度进行了分析，量表的信度较高，均能满足进一步的研究需要，所以采用验证性因子分析对效度进行检验更为合适。本书调查问卷的效度检验采用AMOS 26.0软件验证各潜在变量的内在结构，并分析各变量间的相关关系，从而探讨互联网能力对战略转型后竞争优势的作用路径。

（一）效度检验的相关概念与标准

1. 内容效度

本书问卷设计所采用的互联网能力量表、战略转型后竞争优势量表均是建立在国内实证研究的成熟量表基础上，并邀请相关领域的专家对问卷题项进行了梳理和调整，以此确保问卷内容的有效性和一致性，同时对问卷语言进行优化，保证语义清晰便于理解。因此，本问卷有较好的内容效度。

2. 建构效度

通过AMOS 26.0软件，运用验证性因子分析（CFA），对样本数据和建构模型的契合度进行检验，包括收敛效度（聚合效度）与区分效度。

收敛效度（convergent validity）是指“当测量同一构念下的多重指标，这些指标彼此之间存在聚合效应或有相关关系时，表明收敛效度存在”，对其效度的检验步骤如下：

步骤1：考核因子载荷量。对观察变量的标准化因子进行考察，检验因子载荷系数是否显著，当大于0.7时表明其值为理想值。

步骤2：观察组合信度CR值。CR值为一个z检验统计量，由参数估计值与其标准差构成，为二者之比。对潜在变量的组合信度值进行分析，可将得到的因子载荷值代入公式（7–2）进行计算，CR值应大于0.6临界值，若在0.7之上表明建构模型的内在质量较好。

步骤3：计算平均方差抽取值。考察潜在变量的平均方差抽取值AVE值，若AVE值越大，则表明测量指标反映其共同因素构念的潜在特质的效果越好，对AVE值的测量可将步骤1中得到的因子载荷量代入公式（7–3）中。通常AVE值应该大于临界值0.5。

1）组合信度（CR）计算公式：

$$CR=\frac{(\Sigma\lambda)^2}{\left[(\Sigma\lambda)^2+\Sigma\theta\right]} \tag{7–2}$$

2）平均方差抽取值（AVE）计算公式：

$$AVE = \frac{(\Sigma\lambda^2)}{\left[(\Sigma\lambda^2)+\Sigma\theta\right]} \tag{7-3}$$

式中，λ为因素载荷值（标准化后），θ为误差变异量。

区分效度（discriminant validity），也被称作判别效度，是指在不同构念下的多重指标之间不具有相关性，与聚合效度相反，目的是将不同特质和内涵的测量指标加以区分。对于区分效度的测量，可运用AMOS 26.0的验证性因子分析，先测量出量表中因子载荷值、因子载荷值与其他潜变量之间的相关系数，再将相关系数绝对值与根据因子载荷值计算得到的$\sqrt{AVE}$相比较，当变量的$\sqrt{AVE}$均大于相关系数绝对值时，表明量表具有较好的区分效度。通常区分效度运用于同一量表中不同维度或因子之间的测量，由于本书研究所采用的互联网能力量表与战略转型后竞争优势量表是两个不同量表，各自具有不同的性质和类型的构念，故本书可不对量表作区分效度分析。

3. 检验标准

模型拟合指数是考察理论结构模型对样本数据拟合程度的统计指标，针对不同类型的理论模型可依据不同类别的模型拟合指数，从模型复杂性、样本大小、相对性与绝对性等方面进行度量。本书运用AMOS 26.0对问卷进行验证性因子分析，参照相关拟合指数的判别标准，其中包括：绝对拟合指数、相对拟合指数以及信息指数，如表7-7所示。

表7-7 拟合指数判别标准

指数名称	拟合指数	判别标准		
		较好	可接受	较差
绝对拟合指数	卡方与自由度比 χ^2/df	小于 3	3~5	大于 5
	适配度指数 GFI	大于 0.90	0.85~0.90	小于 0.85
	残差均方和平方根 RMR	大于 0.05	0.05~0.08	大于 0.1
	渐进残差均方和平方根 RMSEA	大于 0.50	0.05~0.08	大于 0.1
相对拟合指数	规范拟合指数 NFI	大于 0.90	0.80~0.90	小于 0.80
	比较适配指数 CFI	大于 0.90	0.80~0.90	小于 0.80
信息指数	AIC	越小越好		
	CAIC	越小越好		

（二）互联网能力量表的验证性因子分析

依据量表设置以及预调研因子分析的结果，互联网能力量表16个观测变量共形成四个因子，分别为投资方互动能力、迭代创新能力、组织学习能力、资源管理能力。对互联网能力量表进行验证性因子分析，得到变量的路径分析结果，如图7-2所示。

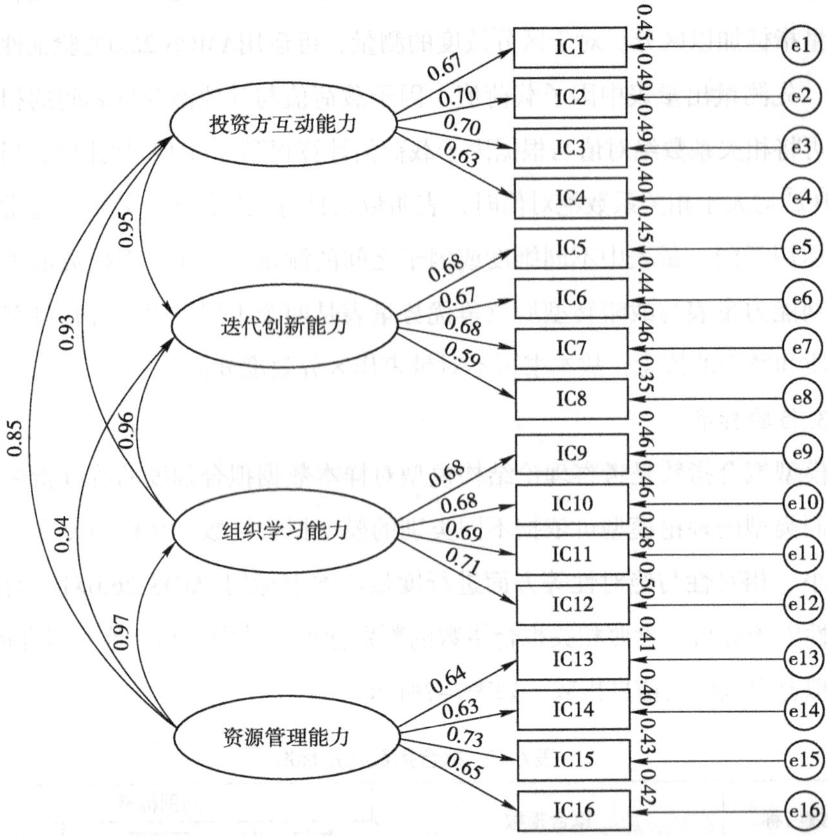

图7-2　互联网能力量表CFA路径分析图（标准化后）

通过模型拟合得到互联网能力量表中16个观察变量的标准化载荷系数值，并以此计算各观察变量的误差变异量以及投资方互动能力、迭代创新能力、组织学习能力、资源管理能力四个潜在变量的组合信度CR值与平均方差抽取值AVE，如表7-8所示。

在互联网能力量表的效度系数估计结果中，16个观察变量的标准化载荷系数值在0.594～0.729，均超过了临界值0.5，据此可以继续计算各潜在变量的CR值以及AVE值。由表7-8中计算结果显示，投资方互动能力CR值为7.810，AVE值为0.998；迭代创新能力CR值为7.714，AVE值为0.998；组织学习能力CR值为8.269，AVE值为0.997；资源管理能力CR值为7.472，AVE值为0.988。各潜在变量的CR值均大于0.6临界值，说明建构模型的内在质量较好，且AVE值均大于0.5临界值，符合相关要求。

此外，投资方互动能力、迭代创新能力、组织学习能力和资源管理能力之间的相关性系数较高，均超过0.6，说明四个因素之间可能存在一个更高阶的共同因素，即需要对量表作二阶验证性因子分析，测量高阶因子与低阶因子之间的关系，分析互联网能力与互联网能力各维度之间的相互关系。

表7-8　互联网能力量表的收敛效度系数估计结果

变量	维度	题项	标准化因子载荷值	P	误差变异量	组合信度 CR	平均方差抽取值 AVE
互联网能力	投资方互动能力	IC1	0.671	***	0.143	7.810	0.998
		IC2	0.703	***	0.142		
		IC3	0.698	***	0.141		
		IC4	0.634	***	0.146		
	迭代创新能力	IC5	0.678	***	0.127	7.714	0.998
		IC6	0.665	***	0.122		
		IC7	0.678	***	0.125		
		IC8	0.594	***	0.128		
	组织学习能力	IC9	0.677	***	0.138	8.269	0.997
		IC10	0.677	***	0.137		
		IC11	0.69	***	0.145		
		IC12	0.709	***	0.135		
	资源管理能力	IC13	0.641	***	0.129	7.472	0.988
		IC14	0.631	***	0.125		
		IC15	0.729	***	0.137		
		IC16	0.65	***	0.131		

注：***表示相关性在P<0.001上显著。

根据表7-9，从模型拟合指数上看，卡方与自由度比为2.043，小于3，GFI值为0.876，CFI值为0.915，RMSEA值为0.078，RMR值为0.034，NFI等于0.848，各项指标均满足模型拟合要求，CFA拟合整体良好。由此可见，互联网能力量表具有较好的收敛效度。

表7-9　互联网能力量表的CFA拟合指数

模型	CHI-SQUARE	χ^2/df	GFI	CFI	RMSEA	RMR	NFI
互联网能力	200.209	2.043	0.876	0.915	0.078	0.034	0.848

（三）竞争优势量表的验证性因子分析

根据预调研因子分析结果，竞争优势量表的18个观测变量形成了四个因子。因此，对竞争优势量表（成本优势、技术优势、价值优势、资源优势）进行验证性因子分析，得出竞争优势量表的路径分析结果，如图7-3所示。

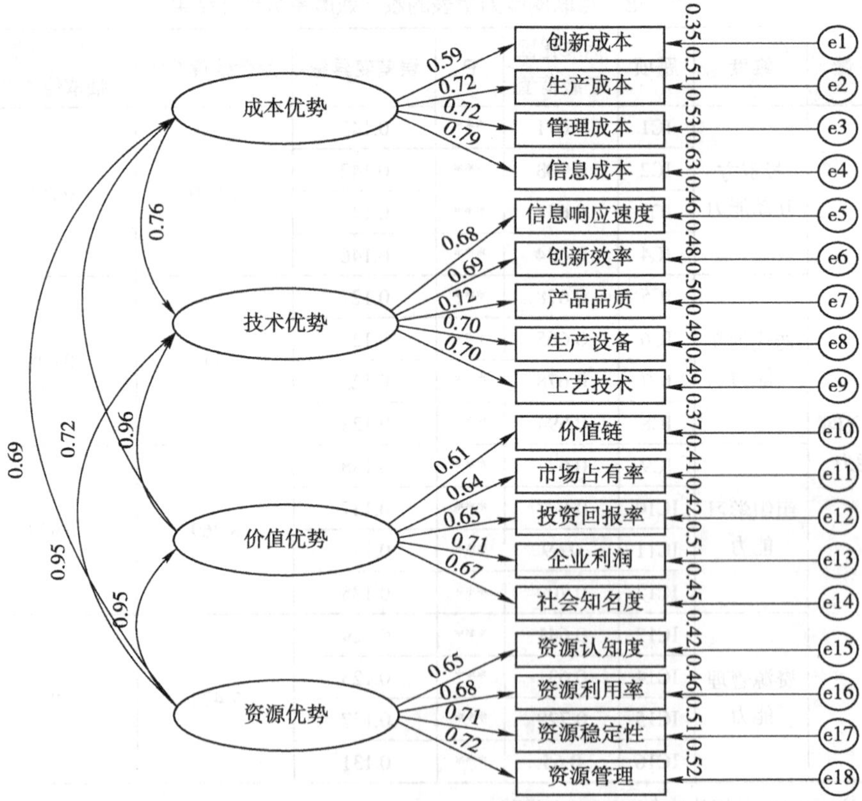

图7-3　竞争优势量表CFA路径分析图（标准化后）

表7-10 战略转型后竞争优势量表的收敛效度系数估计结果

变量	维度	题项	标准化因子载荷值	P	误差变异量	组合信度 CR	平均方差抽取值 AVE
战略转型后竞争优势	成本优势	CA1	0.589	***	0.181	7.133	0.996
		CA2	0.717	***	0.18		
		CA3	0.725	***	0.177		
		CA4	0.794	***	0.187		
	技术优势	CA5	0.677	***	0.126	8.359	0.998
		CA6	0.692	***	0.124		
		CA7	0.708	***	0.119		
		CA8	0.702	***	0.134		
		CA9	0.698	***	0.127		
	价值优势	CA10	0.61	***	0.167	7.254	0.997
		CA11	0.642	***	0.163		
		CA12	0.651	***	0.163		
		CA13	0.715	***	0.169		
		CA14	0.667	***	0.172		
	资源优势	CA15	0.648	***	0.143	7.947	0.996
		CA16	0.681	***	0.141		
		CA17	0.713	***	0.145		
		CA18	0.723	***	0.131		

注：***表示相关性在P<0.001上显著。

由表7-10可知，竞争优势四个维度18个题项的标准化因子载荷系数值均大于0.5，且都处于0.001显著水平之上。另外，成本优势、技术优势、价值优势、资源优势四个潜在变量的CR值均大于0.70，其值分别为7.133、8.359、7.254和7.947。同时，AVE值分别为0.996、0.998、0.997和0.996，均大于临界值0.5，符合相关要求。此外，成本优势、技术优势、价值优势和资源优势之间的相关性系数较高，均超过0.5，表明需要对竞争优势量表作二阶验证性因子分析，测量高阶因子与低阶因子之间的关系，从而分析竞争优势与竞争优势各维度之间的关系。

表7-11　战略转型后竞争优势量表CFA拟合指数

模型	CHI-SQUARE	χ^2/df	GFI	CFI	RMSEA	RMR	NFI
战略转型后竞争优势	352.175	2.73	0.80	0.853	0.10	0.042	0.789

根据表7-11显示竞争优势量表的CFA拟合程度，卡方与自由度比为2.73，小于3，拟合程度较好。GFI为0.80，CFI值为0.853，RMSEA值为0.10，RMR为0.042，小于0.05，其中NFI为0.789，小于0.8。量表的模型拟合程度整体较好，由此可以判断战略转型后竞争优势量表具有较高的效度。

五、二阶验证性因子分析

对互联网能力量表、竞争优势量表进行验证性因子分析后，结果显示两个量表中均存在不同阶的因子，即高阶因子和低阶因子，且各量表下低阶因子间的相关性较高，从而需要对量表分别进行高阶验证性因子分析，由此验证不同阶因子间的关系。侯杰泰等（2004）指出，当量表中一阶因子可以提炼出一个更高阶的因子，且一阶潜变量间存在较高相关时，可对量表进行二阶验证性因子分析。验证方法一般采用Marsh和Hocevar（1985）提出的目标T系数，通过T系数（低阶模型的卡方值/高阶模型的卡方值）判断高阶模型的有效性，T值越接近1，说明高阶因子模型可采纳度更高[6]。另外，需注意低阶因子在高阶因子上的载荷以及整体模型的理论可解释性和适配程度，本研究中互联网能力和战略转型后竞争优势潜变量均不是单维变量，可以考虑依据目标T系数对互联网能力量表和战略转型后竞争优势量表进行二阶验证性因子分析。

（一）互联网能力量表的二阶验证性因子分析

互联网能力二阶CFA模型，即投资方互动能力、迭代创新能力、组织学习能力和资源管理能力四个维度测量存在一个更高阶的因子，即互联网能力，其二阶CFA路径分析结果如图7-4所示。

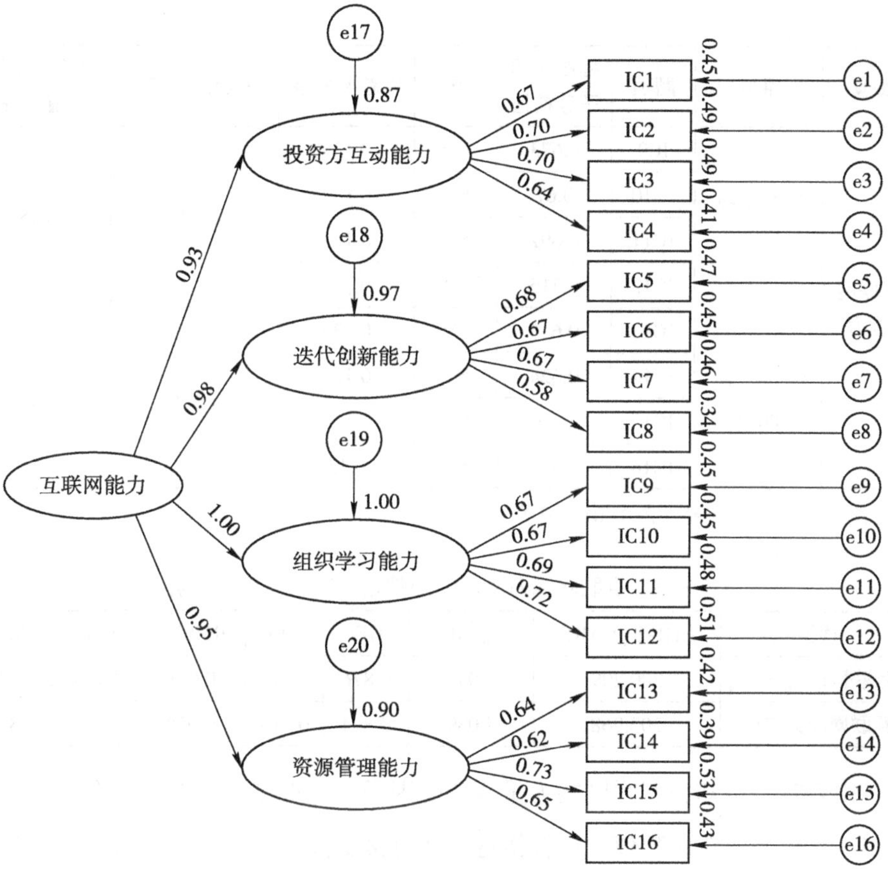

图 7-4　互联网能力量表二阶 CFA 路径分析图（标准化后）

表7-12　互联网能力量表二阶因子收敛效度系数估计结果

变量	维度	题项	标准化因子载荷值	P	误差变异量	组合信度 CR	平均方差抽取值 AVE
互联网能力	投资方互动能力	IC1	0.669	***	0.143	7.772	0.808
		IC2	0.702	***	0.144		
		IC3	0.699	***	0.143		
		IC4	0.637	***	0.148		
	迭代创新能力	IC5	0.684	***	0.127	7.722	0.823
		IC6	0.672	***	0.121		
		IC7	0.675	***	0.123		
		IC8	0.584	***	0.126		

续表

变量	维度	题项	标准化因子载荷值	P	误差变异量	组合信度 CR	平均方差抽取值 AVE
互联网能力	组织学习能力	IC9	0.673	***	0.138	8.223	0.818
		IC10	0.67	***	0.138		
		IC11	0.692	***	0.147		
		IC12	0.715	***	0.137		
	资源管理能力	IC13	0.645	***	0.129	7.476	0.819
		IC14	0.624	***	0.123		
		IC15	0.73	***	0.136		
		IC16	0.653	***	0.13		

注：***表示相关性在P<0.001上显著。

表7-13　互联网能力量表CFA拟合指数（一阶与二阶）

模型	CHI-SQUARE	χ^2/df	GFI	CFI	RMSEA	RMR	NFI
互联网能力一阶	200.209	2.043	0.876	0.915	0.078	0.034	0.848
互联网能力二阶	203.968	2.039	0.874	0.913	0.078	0.034	0.845

由表7-12可知，互联网能力量表二阶因子在各观测变量上的标准化因子载荷与一阶模型中对应数值均比较接近，在可接受范围。由表7-13可知，互联网能力一阶模型的卡方与自由度之比为200.209，互联网能力二阶模型的卡方与自由度之比为203.968，计算二者比值可得目标T系数为0.982，高阶因子模型可采纳度较低，且二阶模型拟合指数与一阶模型拟合指数整体相当，表明一阶和二阶模型可能为等价模型，根据Marsh和Hocevar（1985）的观点，使用一阶互联网能力潜变量进行理论模型的分析较为合适。在本书理论研究中，通过投资方互动能力、迭代创新能力、组织学习能力和资源管理能力测度互联网能力，将这些能力单独提炼依然可以对竞争优势产生一定的作用，因此需要考虑互联网能力是否作为中介变量，及其在各维度对竞争优势的作用路径中产生的影响。因此，使用一阶互联网能力潜变量进行理论模型的分析。

（二）战略转型后竞争优势量表的二阶验证性因子分析

战略转型后竞争优势二阶CFA模型，即成本优势、技术优势、价值优势、资源优势四个维度测量存在一个更高阶的因子。战略转型后竞争优势二阶CFA路径分析结果如图7–5所示。

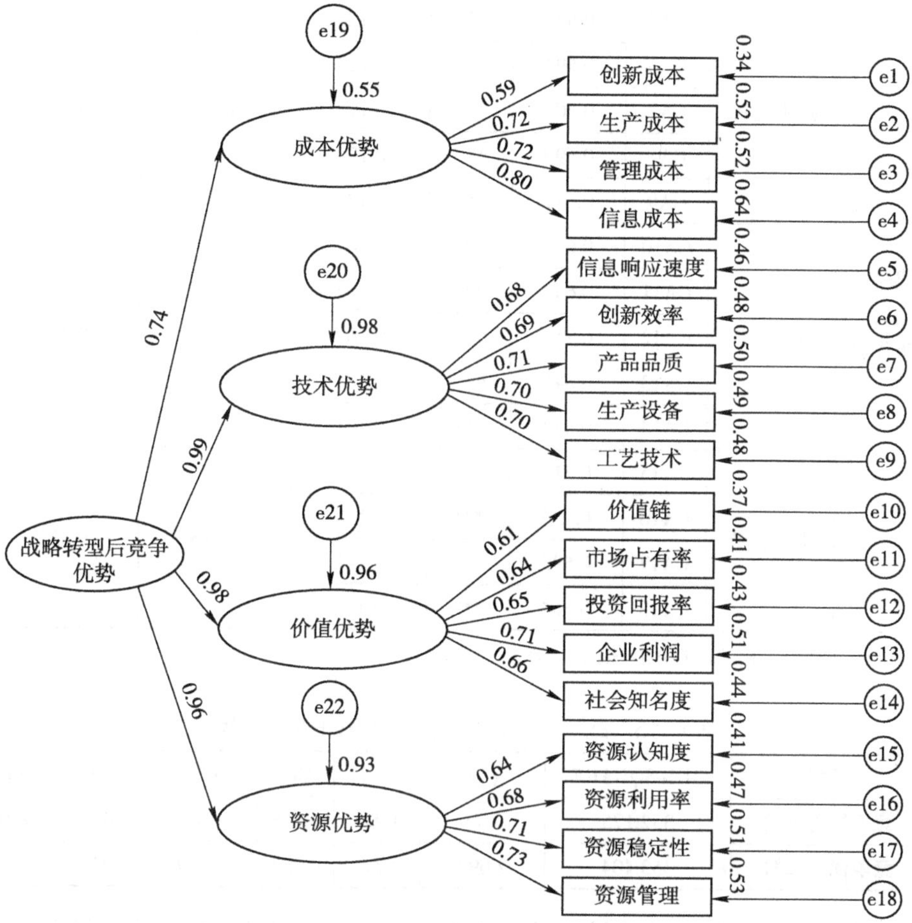

图 7–5　战略转型后竞争优势量表二阶 CFA 路径分析图（标准化后）

表7–14　战略转型后竞争优势量表二阶因子收敛效度系数估计结果

变量	维度	题项	标准化因子载荷值	P	误差变异量	组合信度 CR	平均方差抽取值 AVE
战略转型后竞争优势	成本优势	CA1	0.587	***	0.181	7.113	0.787
		CA2	0.718	***	0.181		
		CA3	0.718	***	0.177		
		CA4	0.8	***	0.188		

续表

变量	维度	题项	标准化因子载荷值	P	误差变异量	组合信度 CR	平均方差抽取值 AVE
战略转型后竞争优势	技术优势	CA5	0.679	***	0.126	8.374	0.822
		CA6	0.694	***	0.123		
		CA7	0.707	***	0.118		
		CA8	0.699	***	0.133		
		CA9	0.612	***	0.126		
	价值优势	CA10	0.641	***	0.167	7.266	0.771
		CA11	0.653	***	0.162		
		CA12	0.714	***	0.162		
		CA13	0.643	***	0.168		
		CA14	0.683	***	0.171		
	资源优势	CA15	0.712	***	0.143	7.898	0.822
		CA16	0.726	***	0.143		
		CA17	0.695	***	0.147		
		CA18	0.664	***	0.133		

注：***表示相关性在P<0.001上显著。

表7-15 战略转型后竞争优势量表CFA拟合指数

模型	CHI-SQUARE	χ^2/df	GFI	CFI	RMSEA	RMR	NFI
竞争优势一阶	352.175	2.73	0.80	0.853	0.10	0.042	0.789
竞争优势二阶	353.404	2.697	0.799	0.853	0.099	0.043	0.828

由表7-14可知，战略转型后竞争优势量表二阶因子在各观测变量上的标准化因子载荷与一阶模型中对应数值均比较接近，在可接受范围。由表7-15可知，战略转型后竞争优势一阶模型的卡方与自由度之比为352.175，战略转型后竞争优势二阶模型的卡方与自由度之比为353.404，计算二者比值可得目标T系数为0.997，接近1，二阶模型拟合指数整体要优于一阶模型拟合指数。根据Marsh和Hocevar的观点，本次研究使用二阶战略转型后竞争优势潜变量更符合理论模型的要求。

六、相关性分析

（一）相关性分析概念及检验标准

相关性分析是借助分析软件对两个及以上变量间的相互依存关系进行判断，以此分析变量间是否存在某种非确定的相互关系。本次研究采用皮尔逊积矩相关系数（Pearson product-moment correlation coefficient）来度量这种变量间相互关系的强弱程度，其取值在-1 ~ 1。若用ρ来表示皮尔逊积矩相关系数，则有如下定义：

总体相关系数ρ是变量X,Y的协方差与二者标准差之积的商[7]，用公式表示为：

$$\rho_{XY}=\frac{\text{cov}(X,\ Y)}{\sigma_X\sigma_Y}=\frac{E(X-\mu_X)\ (Y-\mu_X)}{\sigma_X\sigma_Y} \tag{7-4}$$

若用样本计算中的协方差和标准差来代替上式中总体的协方差和标准差，则可得到样本相关系数，通常用γ表示：

$$\gamma=\frac{\sum_{i=1}^{n}(X_i-\overline{X})\ (Y_i-Y)}{\sqrt{\sum_{i=1}^{n}(X_i-\overline{X})^2}\sqrt{\sum_{i=1}^{n}(Y_i-\overline{Y})^2}} \tag{7-5}$$

与式7-5等效的度量公式，可借助经标准化后变量均值的积来表示。将某一假设样本记作（X_i,Y_i），则样本的皮尔逊积矩相关系数可表示为：

$$\gamma=\frac{1}{(n-1)}\sum_{i=1}^{n}\left(\frac{(X_i-\overline{X})}{S_X}\right)\left(\frac{(Y_i-\overline{Y})}{S_X}\right) \tag{7-6}$$

其中，$\frac{(X_i-\overline{X})}{S_X}$，$\overline{X}$以及$s_X$分别表示标准化变量、样本均值以及样本标准差。

在对假设条件的路径进行分析前，先通过皮尔逊积矩相关系数分析对互联网能力及其各维度、战略转型后竞争优势及其维度的非确定关系进行度量，进而借助假设条件构建实证分析中的结构方程模型。

采用SPSS 23.0中的皮尔逊积矩相关系数度量变量间的相关程度，验证标准为：当皮尔逊积矩相关系数$|\gamma|>0$时，说明变量间存在正相关；当皮尔逊积矩相关系数$0.8<|\gamma|<1$时，说明变量间相关性很强；当皮尔逊积矩相关系数$0.5<|\gamma|<0.8$时，说明变量间相关程度较强；当皮尔逊积矩相关系数$0.3<|\gamma|<0.5$时，说明变量间相关程度较低；当皮尔逊积矩相关系数$0<|\gamma|<0.3$时，说明变量间相关性较弱。

（二）互联网能力与竞争优势的相关性分析

借助SPSS 23.0软件，对互联网能力与战略转型后竞争优势的相关性分析结果如表7–16所示。

由表7–16可知，互联网能力及其四个维度与战略转型后竞争优势及其四个维度的皮尔逊积矩相关系数均为正，且各相关性系数在0.01水平下显著。因此，二者都呈显著的正相关，使假设条件1、假设条件2、假设条件3、假设条件4和假设条件5在样本数据中也得到了验证。此外，对相关性系数的大小进行分析可知，互联网能力下的资源管理能力与战略转型后竞争优势的相关系数为0.787，二者相关性最强；迭代创新能力与竞争优势的相关系数为0.752，二者相关性较强；组织学习能力与竞争优势的相关系数为0.745，二者相关性次之；相关性较弱的是投资方互动能力与竞争优势，二者相关系数为0.716。相较互联网能力下各维度与竞争优势的相关性，互联网能力作为一阶潜变量与竞争优势的相关性明显更高，相关系数达到0.847。由此可见，互联网能力同投资方互动能力、迭代创新能力、组织学习能力、资源管理能力一样与战略转型后竞争优势具有显著的相关性，表明潜在变量之间具有可确定的关系。另外，投资方互动能力、迭代创新能力、组织学习能力和资源管理能力作为互联网能力下的不同维度，可以得出对战略转型后竞争优势的影响路径有两条，分别是：互联网能力下各维度对竞争优势直接作用；投资方互动能力、迭代创新能力、组织学习能力和资源管理能力直接作用于互联网能力，再由互联网能力对竞争优势产生作用。因此，互联网能力可能作为中介变量对作用路径产生影响。

表7-16　互联网能力与战略转型后竞争优势相关性分析结果

		互联网能力	投资方互动能力	迭代创新能力	组织学习能力	资源管理能力	成本优势	技术优势	价值优势	资源优势	战略转型后竞争优势
互联网能力	皮尔逊相关性	1	0.875**	0.891**	0.900**	0.876**	0.666**	0.789**	0.734**	0.754**	0.847**
	显著性（双尾）		0.000	0.000	0.000	0.000	0.000	0.000	0.000	0.000	0.000
	个案数	174	174	174	174	174	174	174	174	174	174
投资方互动能力	皮尔逊相关性	0.875**	1	0.723**	0.720**	0.652**	0.576**	0.681**	0.600**	0.631**	0.716**
	显著性（双尾）	0.000		0.000	0.000	0.000	0.000	0.000	0.000	0.000	0.000
	个案数	174	174	174	174	174	174	174	174	174	174
迭代创新能力	皮尔逊相关性	0.891**	0.723**	1	0.725**	0.707**	0.605**	0.668**	0.654**	0.694**	0.752**
	显著性（双尾）	0.000	0.000		0.000	0.000	0.000	0.000	0.000	0.000	0.000
	个案数	174	174	174	174	174	174	174	174	174	174
组织学习能力	皮尔逊相关性	0.900**	0.720**	0.725**	1	0.747**	0.605**	0.720**	0.629**	0.629**	0.745**
	显著性（双尾）	0.000	0.000	0.000		0.000	0.000	0.000	0.000	0.000	0.000
	个案数	174	174	174	174	174	174	174	174	174	174
资源管理能力	皮尔逊相关性	0.876**	0.652**	0.707**	0.747**	1	0.573**	0.728**	0.716**	0.715**	0.787**
	显著性（双尾）	0.000	0.000	0.000	0.000		0.000	0.000	0.000	0.000	0.000
	个案数	174	174	174	174	174	174	174	174	174	174
成本优势	皮尔逊相关性	0.666**	0.576**	0.605**	0.605**	0.573**	1	0.621**	0.574**	0.534**	0.780**
	显著性（双尾）	0.000	0.000	0.000	0.000	0.000		0.000	0.000	0.000	0.000
	个案数	174	174	174	174	174	174	174	174	174	174

续表

		互联网能力	投资方互动能力	迭代创新能力	组织学习能力	资源管理能力	成本优势	技术优势	价值优势	资源优势	战略转型后竞争优势
技术优势	皮尔逊相关性	0.789**	0.681**	0.668**	0.720**	0.728**	0.621**	1	0.783**	0.764**	0.920**
	显著性（双尾）	0.000	0.000	0.000	0.000	0.000	0.000		0.000	0.000	0.000
	个案数	174	174	174	174	174	174	174	174	174	174
价值优势	皮尔逊相关性	0.734**	0.600**	0.654**	0.629**	0.716**	0.574**	0.783**	1	0.750**	0.901**
	显著性（双尾）	0.000	0.000	0.000	0.000	0.000	0.000	0.000		0.000	0.000
	个案数	174	174	174	174	174	174	174	174	174	174
资源优势	皮尔逊相关性	0.754**	0.631**	0.694**	0.629**	0.715**	0.534**	0.764**	0.750**	1	0.869**
	显著性（双尾）	0.000	0.000	0.000	0.000	0.000	0.000	0.000	0.000		0.000
	个案数	174	174	174	174	174	174	174	174	174	174
战略转型后竞争优势	皮尔逊相关性	0.847**	0.716**	0.752**	0.745**	0.787**	0.780**	0.920**	0.901**	0.869**	1
	显著性（双尾）	0.000	0.000	0.000	0.000	0.000	0.000	0.000	0.000	0.000	
	个案数	174	174	174	174	174	174	174	174	174	174

注：**表示在 0.01 级别（双尾），相关性显著。

第四节　互联网能力的中介效应分析

中介效应是指由中介变量在原因变量和结果变量之间产生媒介作用，原因变量通过中介变量间接作用结果变量，中介变量也可分为完全中介和部分中介。完全中介是指自变量完全通过中介变量对因变量产生影响，此过程如果脱离了中介变量的作用，自变量对因变量的作用效应则会消失；部分中介是指自变量对因变量的作用效应不完全依靠中介变量，当加入中介变量时，自变量和因变量之间的相关性随之降低。为了检验互联网能力在对应维度与战略转型竞争优势之间是否存在中介效应，即互联网能力是否作为中介变量对二者关系产生影响，本书采用SPSS层级回归（逐步法）对其进行分析，并借助Bootstrap检验对分析结果进行验证。

一、互联网能力中介效应分析理论与方法

（一）中介效应检验理论

在社会科学领域，对中介效应的研究运用最多的方法是由Baron、Kenny（1986）提出的逐步法，近年来Preacher和Hayes（2004）提出Bootstrap检验法也逐渐流行。

1. 逐步法

假设核心变量均已中心化，用回归方程将变量间关系描述为：

$$Y=cX+e_1 \tag{7-7}$$

$$M=aX+e_2 \tag{7-8}$$

$$Y=c'X+bM+e_3 \tag{7-9}$$

根据逐步法的要求，判定变量是否为中介变量，需满足：①自变量X与因变量Y之间存在显著相关。②自变量X与中介变量M之间存在显著相关。③当控制中介变量M后，若自变量X对因变量Y的影响为零，则M为完全中介变量；

若自变量X对因变量Y的影响显著降低，则M为部分中介变量。逐步法的检验步骤如图7-6所示。

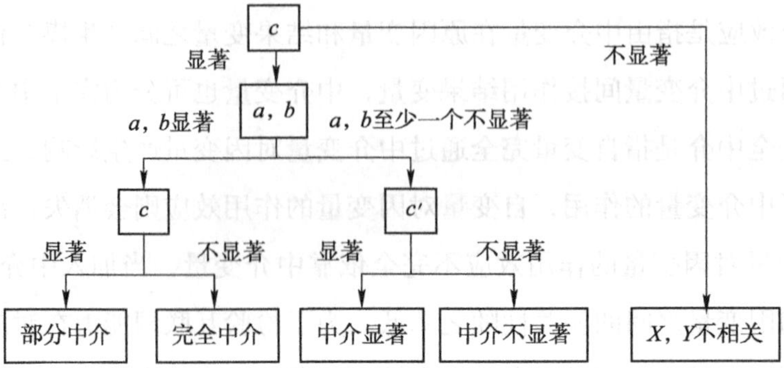

图 7-6 逐步检验法

2. Bootstrap法

Bootstrap法主要从核心变量是否具有中介效应或中介作用出发，不强调对自变量与因变量间相互关系进行检验，其检验步骤如图7-7所示。

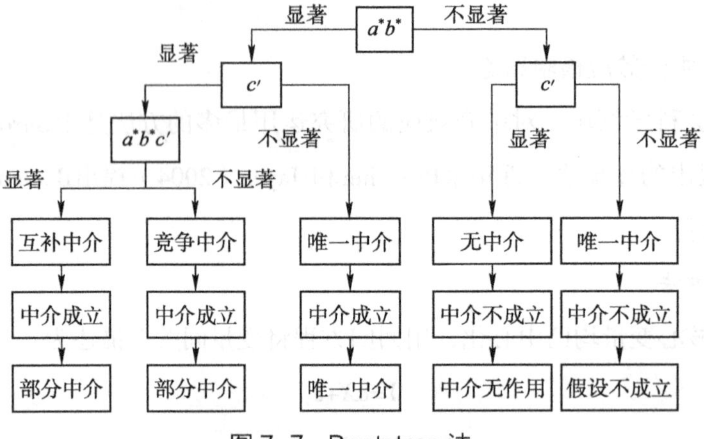

图 7-7 Bootstrap 法

（二）检验方法和步骤

本次研究目的是通过中介效应检验互联网能力是否作为中介变量对自变量与因变量之间相关关系产生影响，并进一步确定互联网能力的中介效应类型。首先，借助SPSS层级分析（逐步法）从投资方互动能力、迭代创新能力、组织学习能力、资源管理能力四个自变量出发，分别建立回归模型：X→M、X→Y、X→M→Y，以此探讨互联网能力是否具有中介效应，并确定中介类型。然后运用AMOS 26.0软件依据假设条件建立四个维度的检验结构模型，采用Bootstrap法进行中介效应分析，以此验证逐步法的分析结果。

二、SPSS 层级回归（逐步法）

将控制变量互联网能力依次引入自变量（投资方互动能力、迭代创新能力、组织学习能力、资源管理能力）与因变量（战略转型后竞争优势）间的相关关系中，建立回归模型，运用SPSS 23.0进行回归分析，结果如表7–17所示。

表7–17　互联网能力的中介效应检验回归结果

自变量	模型		标准化系数	P	R^2	调整后的 R^2	F
投资方互动能力	模型 1	X → M	0.875	***	0.766	0.764	562.3598***
		X → Y	0.716	***	0.513	0.510	181.262***
		X → M → Y	–0.106	0.205	0.720	0.717	219.995***
			0.940	***			
迭代创新能力	模型 2	X → M	0.891	***	0.794	0.792	661.622***
		X → Y	0.752	***	0.565	0.563	223.855***
		X → M → Y	–0.013	0.888	0.717	0.714	217.128***
			0.858	***			
组织学习能力	模型 3	X → M	0.900	***	0.810	0.809	732.836***
		X → Y	0.745	***	0.555	0.553	214.643***
		X → M → Y	–0.090	0.332	0.719	0.716	218.767***
			0.928	***			
资源管理能力	模型 4	X → M	0.876	***	0.768	0.767	569.832***
		X → Y	0.787	***	0.602	0.618	280.293***
		X → M → Y	0.193	0.021	0.726	0.723	226.683***
			0.667	***			

注：因变量为战略转型后竞争优势；***表示在0.001水平上显著。

模型1：控制变量对因变量的影响。将战略转型后竞争优势作为因变量，互联网能力作为控制变量引入回归方程。分析结果表明，投资方互动能力对互联网能力、互联网能力对战略转型后竞争优势均具有显著影响，且P值小于0.001。将中介变量（互联网能力）引入回归方程，比较X→Y与X→M→Y的回归结果可知，回归模型X→M→Y整体变异量达到显著水平（F为219.995，P值小于0.001），且调整后的R^2为0.717，与X→Y相比显著增加。表明加入中介变量（互联网能力）后对因变量战略转型后竞争优势的解释力度显著增强。同时表明，加入互联网能力后，自变量投资方互动能力对因变量竞争优势不再具有显著水平，相关系数为-0.106，显著性检验SIG值为0.205，未通过显著检验。但是中介变量（互联网能力）对竞争优势的影响依然达到显著性水平，且相关系数为0.940，P<0.001，表明互联网能力作为中介变量对因变量竞争优势具有完全中介效应。

同理对模型2、模型3、模型4的回归结果进行分析，在引入中介变量（互联网能力）后，自变量迭代创新能力、组织学习能力和资源管理能力对因变量战略转型后竞争优势均不再产生显著影响，但互联网能力对战略转型后竞争优势依然显著。由此表明，互联网能力作为研究模型中的中介变量，对自变量与因变量间的相关关系起完全中介作用。

三、Bootstrap 检验

为进一步验证互联网能力作为中介变量对因变量产生的影响，依据前文设置的假设条件2、假设条件3、假设条件4和假设条件5对互联网能力的中介作用进行分析。在AMOS 26.0中，设定样本总量为5000（number of bootstrap samples），取样方式选择偏差校正的非参百分位法（bias-corrected confidence intervals），置信水平设置为95%。

根据假设条件2（投资方互动能力和战略转型后竞争优势存在正相关）构建检验结构模型，图形化界面如图7-8所示。

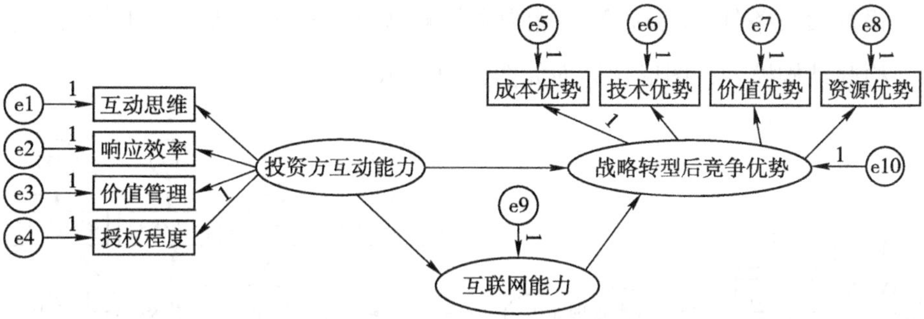

图 7-8　投资方互动能力、互联网能力与战略转型后竞争优势的结构模型路径图

根据假设条件3（迭代创新能力和战略转型后竞争优势存在正相关）构建检验结构模型，图形化界面如图7-9所示。

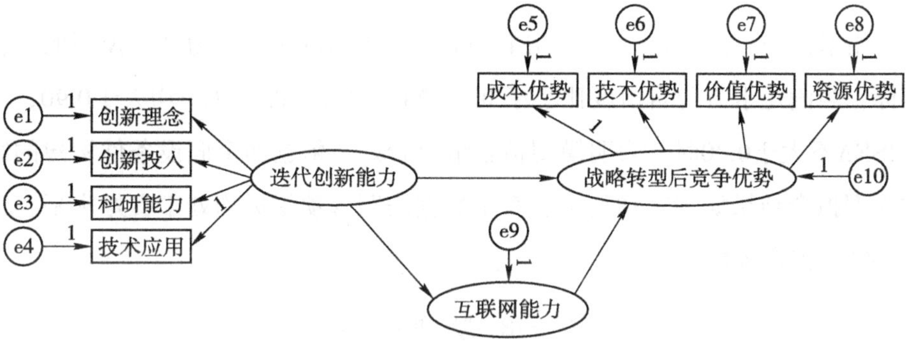

图 7-9　迭代创新能力、互联网能力与战略转型后竞争优势的结构模型路径图

根据假设条件4（组织学习能力和战略转型后竞争优势存在正相关）构建检验结构模型，图形化界面如图7-10所示。

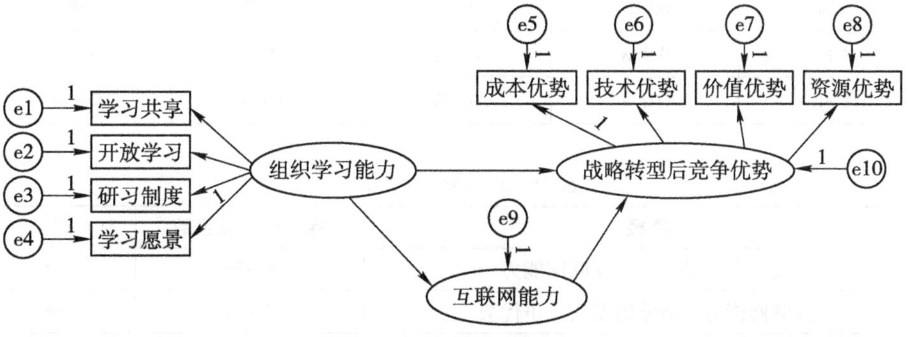

图 7-10　组织学习能力、互联网能力与战略转型后竞争优势的结构模型路径图

根据假设条件5（资源管理能力和战略转型后竞争优势存在正相关关系）构建检验结构模型，图形化界面如图7-11所示。

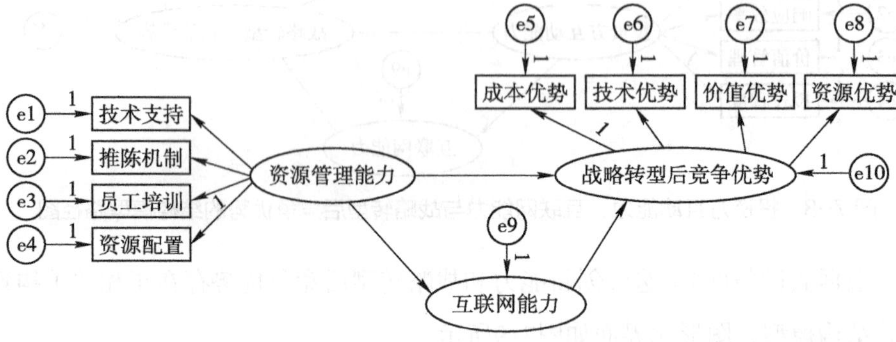

图7-11　资源管理能力、互联网能力与战略转型后竞争优势的结构模型路径图

用卡方与自由度比、NFI、IFI、TLI、CFI、RMSEA作为结构模型的拟合指标，当满足卡方与自由度比小于3时，NFI、IFI、TLI、CFI均大于0.90，当RMSEA不大于0.80时，表明模型拟合情况较好。依据四个假设条件构建的结构模型拟合结果如表7-18所示。表中数据表明各项指标均处于良好水平，说明各结构拟合较好。

表7-18　拟合指数汇总

指数	假设条件 2	假设条件 3	假设条件 4	假设条件 5
χ^2/df	1.508	2.019	1.245	1.586
NFI	0.966	0.955	0.973	0.964
IFI	0.988	0.977	0.995	0.986
TLI	0.983	0.966	0.992	0.980
CFI	0.988	0.976	0.994	0.986
RMSEA	0.054	0.077	0.038	0.058

表7-19　路径系数汇总

路径	标准化路径系数	P
投资方互动能力→互联网能力	0.979	***
互联网能力→战略转型后竞争优势	0.864	***

续表

路径	标准化路径系数	P
投资方互动能力→战略转型后竞争优势	0.051	
迭代创新能力→互联网能力	0.922	***
互联网能力→战略转型后竞争优势	0.873	***
迭代创新能力→战略转型后竞争优势	0.067	
组织学习能力→互联网能力	0.907	***
互联网能力→战略转型后竞争优势	0.871	***
组织学习能力→战略转型后竞争优势	0.066	
资源管理能力→互联网能力	0.940	***
互联网能力→战略转型后竞争优势	0.909	***
资源管理能力→战略转型后竞争优势	0.064	

注：***表示在0.001水平上显著。

根据AMOS 26.0软件运行的路径结果，表7–19显示了互联网能力及其各维度与战略转型后竞争优势的作用路径及标准化路径系数。通过Bootstrap检验后可知，在4种假设条件下，各维度作用于因变量（战略转型后竞争优势）的总效应并不显著，而其他路径的效应均达到0.001显著性水平，可以证明互联网能力作为中介变量在路径中产生作用。

从互联网能力的中介效应来看，表7–20的结果显示，各维度中介效应的95%置信区间均不包括0，表明互联网能力的中介效应显著，其作为中介变量产生较大影响。另外，直接效应的95%区间均含0，表明互联网能力是完全中介，验证了运用逐步法检验的结果。

表7–20　互联网能力的中介效应分析

自变量	95% 置信区间		显著性
投资方互动能力	直接	含 0	0.388
	间接	[0.122,0.221]	***
迭代创新能力	直接	含 0	0.217
	间接	[0.122,0.224]	***
组织学习能力	直接	含 0	0.267
	间接	[0.121,0.222]	***

续表

自变量	95% 置信区间		显著性
资源管理能力	直接	含 0	0.196
	间接	[0.135,0.240]	***

注：***表示在0.001水平上显著。

四、互联网能力中介效应的结果分析

由逐步法检验结果可知，控制变量互联网能力，各维度自变量对因变量（战略转型后竞争优势）的影响均未达到显著水平，但作为中介变量的互联网能力对竞争优势的影响依然显著，因此，互联网能力具有中介作用，且是完全中介；运用Bootstrap法检验可知，在去掉互联网能力后的路径中，投资方互动能力、迭代创新能力、组织学习能力、资源管理能力分别与战略转型后竞争优势间的相关性降低，其作用路径均不显著，进一步证明互联网能力是结构模型中唯一的完全中介变量。

第五节　结构方程模型检验与实证研究结论

一、结构方程模型

（一）结构方程模型概念及选择理由

结构方程模型（SEM）是一种基于变量的协方差矩阵，并根据样本数据与理论模型的一致性关系对实际问题进行定量分析，通过建立、估计和检验等统计方法对变量间关系进行验证。其运用流程包括：模型推导、模型设定、模型识别、模型估计与评价、模型修正。选用结构方程模型对互联网能力与建筑企业战略转型后竞争优势间的关系与作用路径进行分析，主要原因在于：

所构建的初始模型中所含的变量均无法通过可测指标进行直接测量，且这些变量均是潜在变量，只有通过各变量之间的路径系数进行考察，以此判断变量间相关关系。同时，研究模型中含有多个变量，需要通过模型验证其整体的影响关系，如互联网能力既受到投资方互动能力、迭代创新能力、组织学习能力和资源管理能力等变量的影响，又会对战略转型后竞争优势产生直接影响。

（二）结构方程模型的拟合标准

表7-21 AMOS 结构方程模型的拟合程度评价指数

指数名称	拟合指数	判别标准		
		较好	可接受	较差
绝对拟合指数	卡方与自由度比 χ^2/df	小于 3	3~5	大于 5
	适配度指数 GFI	大于 0.90	0.85~0.90	小于 0.85
	残差均方和平方根 RMR	大于 0.05	0.05~0.08	大于 0.1
	渐进残差均方和平方根 RMSEA	大于 0.50	0.05~0.08	大于 0.1
相对拟合指数	规范拟合指数 NFI	大于 0.90	0.80~0.90	小于 0.80
	比较适配指数 CFI	大于 0.90	0.80~0.90	小于 0.80
	增量适合度指数 IFI	大于 0.90	0.80~0.90	小于 0.80
	非标准适配指数 TLI	大于 0.90	0.80~0.90	小于 0.80

二、初始理论模型

根据“互联网+”、竞争优势理论、源创新理论，本书前述内容阐述了企业战略转型的互联网能力，并参考国内外研究综述中关于企业转型、互联网能力的竞争优势影响研究，定义了实证研究的相关变量，即互联网能力为自变量，战略转型后竞争优势为因变量，二者各包含四个性质不同的潜在变量，以此研究自变量和因变量之间的影响关系与作用路径。同时，根据中介效应分析结果考虑互联网能力作为完全中介变量对竞争优势产生作用。根据以上论述并结合前文的假设条件构建初始理论模型如图7-12所示。

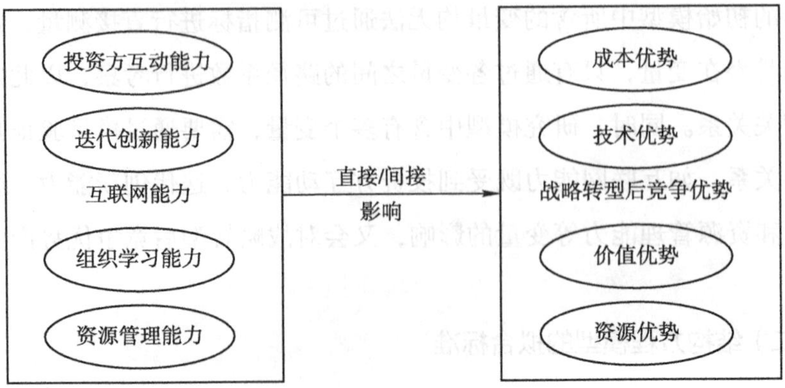

图7-12　研究初始模型

三、互联网能力与建筑企业战略转型后竞争优势的主效应检验

（一）结构方程模型设定

根据初始理论模型，构建互联网能力对战略转型后竞争优势影响的主效应模型，研究互联网能力对战略转型后竞争优势关系的主效应。在前文研究中，对互联网能力量表与战略转型后竞争优势量表进行了信效度检验，均满足研究要求，可以进行结构方程模型的设定。在主效应模型检验中，互联网能力量表包括IC1、IC2、IC3、IC4、IC5、IC6、IC7、IC8、IC9、IC10、IC11、IC12、IC13、IC14、IC15、IC16十六个测量指标。战略转型后竞争优势量表包括CA1、CA2、CA3、CA4、CA5、CA6、CA7、CA8、CA9、CA10、CA11、CA12、CA13、CA14、CA15、CA16、CA17、CA18十八个测量指标。将待检验的主效应模型转化为结构方程模型路径图，图形化界面如图7-13所示。

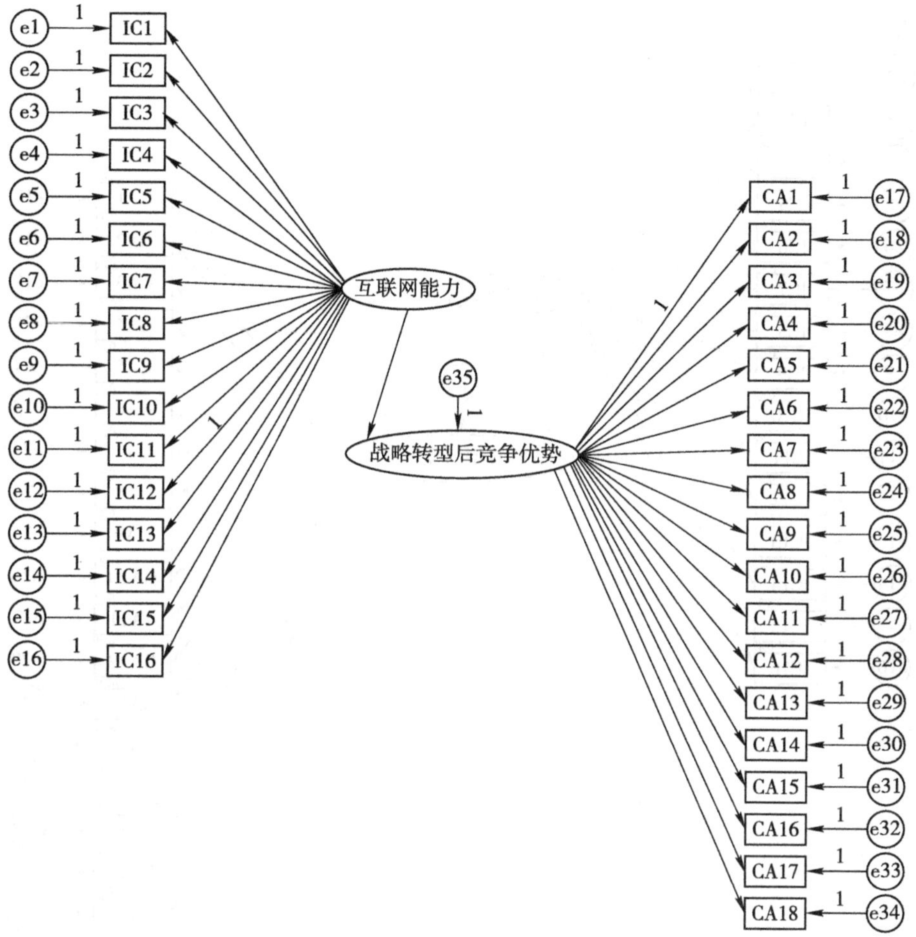

图 7-13　互联网能力与战略转型后竞争优势的主效应结构方程模型路径图

（二）模型参数估计与拟合结果

将样本数据经过SPSS统计分析后，导入AMOS 26.0进行处理，对互联网能力与战略转型后竞争优势主效应模型进行参数估计和模型拟合，得到路径分析结果如图7-14与表7-22所示。

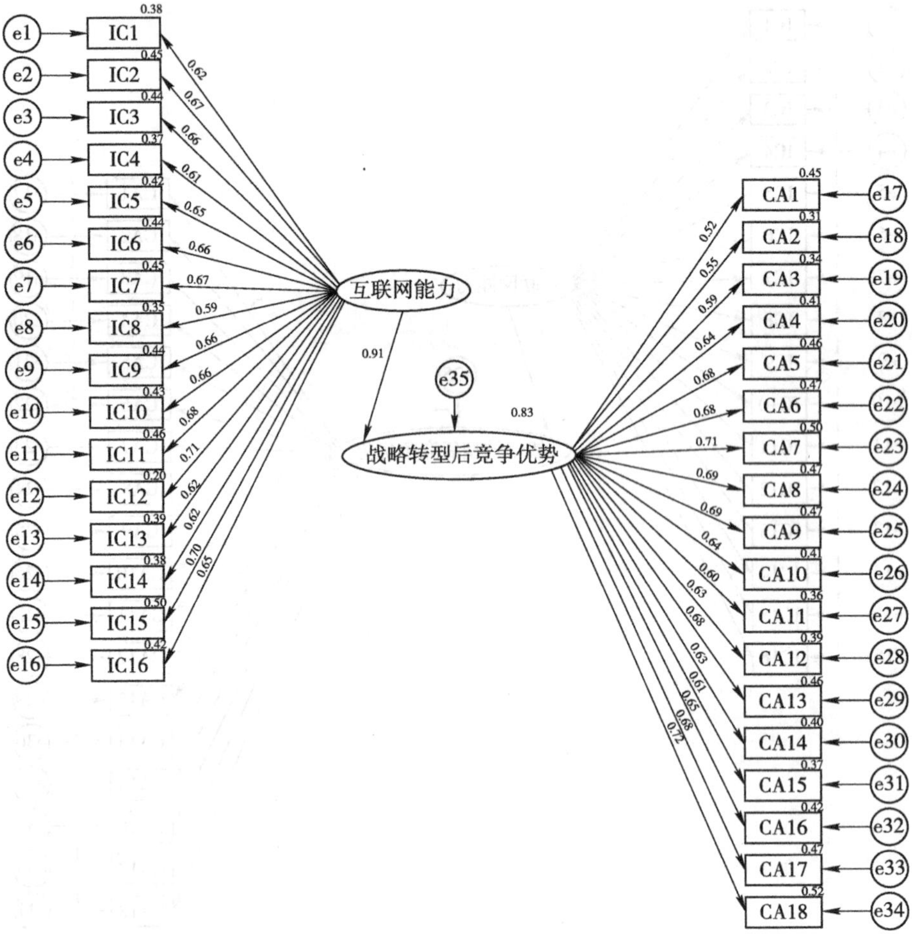

图 7-14 主效应路径系数图（标准化后）

表7-22 互联网能力与战略转型后竞争优势的主效应路径系数估值表

路径			标准化	非标准化	S.E.	C.R.	P	Label
战略转型后竞争优势	<---	互联网能力	0.913	0.709	0.111	6.397	***	par_33
IC1	<---	互联网能力	0.619	0.844	0.107	7.863	***	par_11
IC2	<---	互联网能力	0.667	0.995	0.117	8.478	***	par_10
IC3	<---	互联网能力	0.664	0.986	0.117	8.434	***	par_9
IC4	<---	互联网能力	0.610	0.948	0.122	7.756	***	par_8
IC5	<---	互联网能力	0.651	0.959	0.116	8.272	***	par_7

续表

路径			标准化	非标准化	S.E.	C.R.	P	Label
IC6	<---		0.661	0.963	0.115	8.395	***	par_6
IC7	<---		0.669	0.993	0.117	8.494	***	par_5
IC8	<---		0.595	0.912	0.121	7.56	***	par_4
IC9	<---		0.664	0.861	0.102	8.439	***	par_3
IC10	<---		0.659	0.945	0.113	8.374	***	par_2
IC11	<---	互联网能力	0.677	1.030	0.120	8.600	***	par_1
IC12	<---		0.708	1.000				
IC13	<---		0.622	0.959	0.121	7.901	***	par_12
IC14	<---		0.620	0.862	0.109	7.879	***	par_13
IC15	<---		0.705	1.048	0.117	8.952	***	par_14
IC16	<---		0.649	0.947	0.115	8.246	***	par_15
CA1	<---		0.517	1.000				
CA2	<---		0.554	1.104	0.194	5.703	***	par_16
CA3	<---		0.587	1.148	0.194	5.918	***	par_17
CA4	<---		0.638	1.263	0.203	6.226	***	par_18
CA5	<---		0.676	1.285	0.200	6.433	***	par_19
CA6	<---		0.683	1.305	0.202	6.471	***	par_20
CA7	<---		0.706	1.287	0.195	6.586	***	par_21
CA8	<---		0.689	1.420	0.218	6.500	***	par_22
CA9	<---	战略转型后竞争优势	0.687	1.334	0.206	6.487	***	par_23
CA10	<---		0.640	1.125	0.18	6.233	***	par_24
CA11	<---		0.603	1.157	0.192	6.019	***	par_25
CA12	<---		0.627	1.197	0.194	6.159	***	par_26
CA13	<---		0.678	1.314	0.204	6.441	***	par_27
CA14	<---		0.630	1.266	0.205	6.176	***	par_28
CA15	<---		0.609	1.100	0.182	6.054	***	par_29
CA16	<---		0.652	1.222	0.194	6.301	***	par_30
CA17	<---		0.684	1.308	0.202	6.475	***	par_31
CA18	<---		0.719	1.237	0.186	6.647	***	par_32

注：***表示在0.001水平上显著。

（三）模型拟合评价及检验

表7-23　互联网能力与战略转型后竞争优势主效应模型适配程度分析

检验统计量	χ^2/df	GFI	RMR	NFI	IFI	TLI	CFI	RMSEA
检验结果	2.308	0.895	0.045	0.878	0.888	0.871	0.886	0.047
模型适配程度判断	是	是	是	是	是	是	是	是

表7-22显示路径"互联网能力→战略转型后竞争优势"的标准化回归系数值为0.913，临界比率C.R.值为6.397，其绝对值远大于临界值1.96，且路径相关系数达到0.001显著性水平。由表7-23可知，主效应模型的卡方与自由度比为2.308，GFI值为0.895，RMR值为0.045，NFI的值为0.878，IFI为0.888，TLI值为0.871，CFI为0.886，RMSEA为0.047，对照模型拟合标准，表明标准化后的模型整体适配程度达到标准要求。因此，假设条件1：互联网能力和战略转型后竞争优势存在正相关关系，与得到的样本数据检验结果一致。

四、互联网能力各维度与建筑企业战略转型后竞争优势的主效应检验

（一）结构方程模型设定

为进一步探究互联网能力各维度对战略转型后竞争优势的影响以及实现路径，建立互联网能力各维度与竞争优势的主效应结构方程模型，并在模型中引入相关变量，其中包括自变量投资方互动能力（IC1、IC2、IC3、IC4）、迭代创新能力（IC5、IC6、IC7、IC8）、组织学习能力（IC9、IC10、IC11、IC12）、资源管理能力（IC13、IC14、IC15、IC16），以及因变量战略转型后竞争优势（CA1、CA2、CA3、CA4、CA5、CA6、CA7、CA8、CA9、CA10、CA11、CA12、CA13、CA14、CA15、CA16、CA17、CA18）。将主效应概念模型转化为结构方程模型路径图，其图形化界面如图7-15所示。

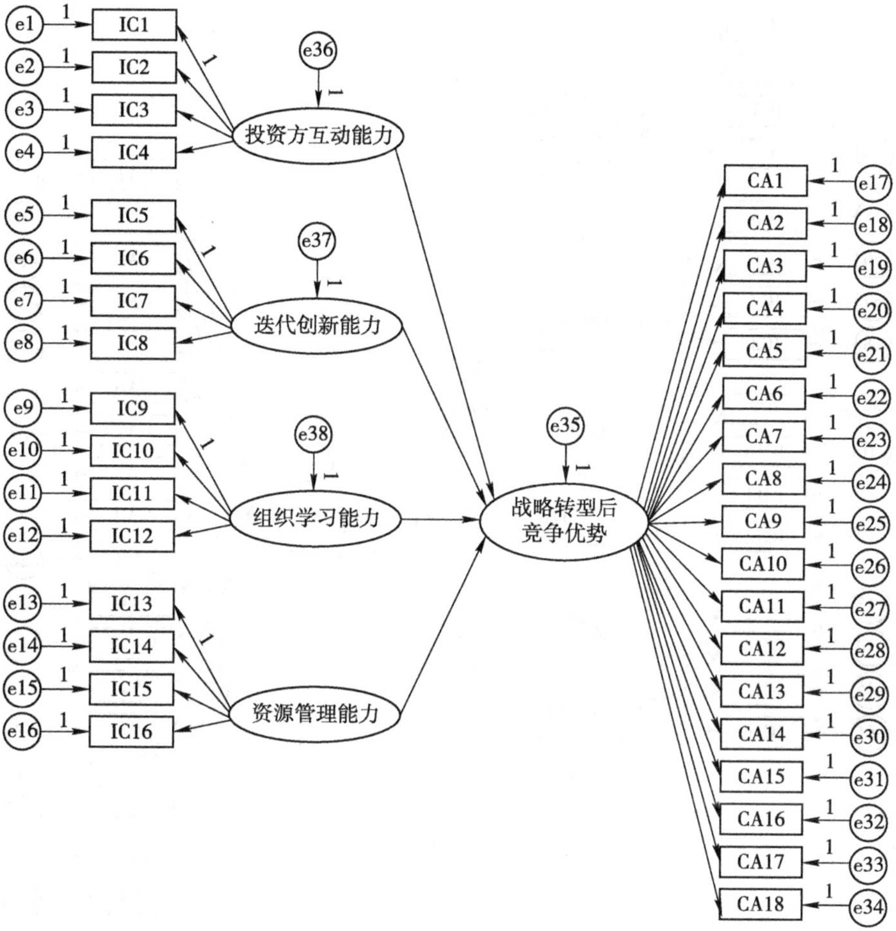

图 7-15 互联网能力各维度与战略转型后竞争优势的主效应模型路径图

（二）模型参数估计与拟合结果

样本数据在AMOS 26.0软件处理下，对互联网能力各维度与战略转型后竞争优势主效应模型进行参数估计和模型拟合，结果如图7-16与表7-24所示。

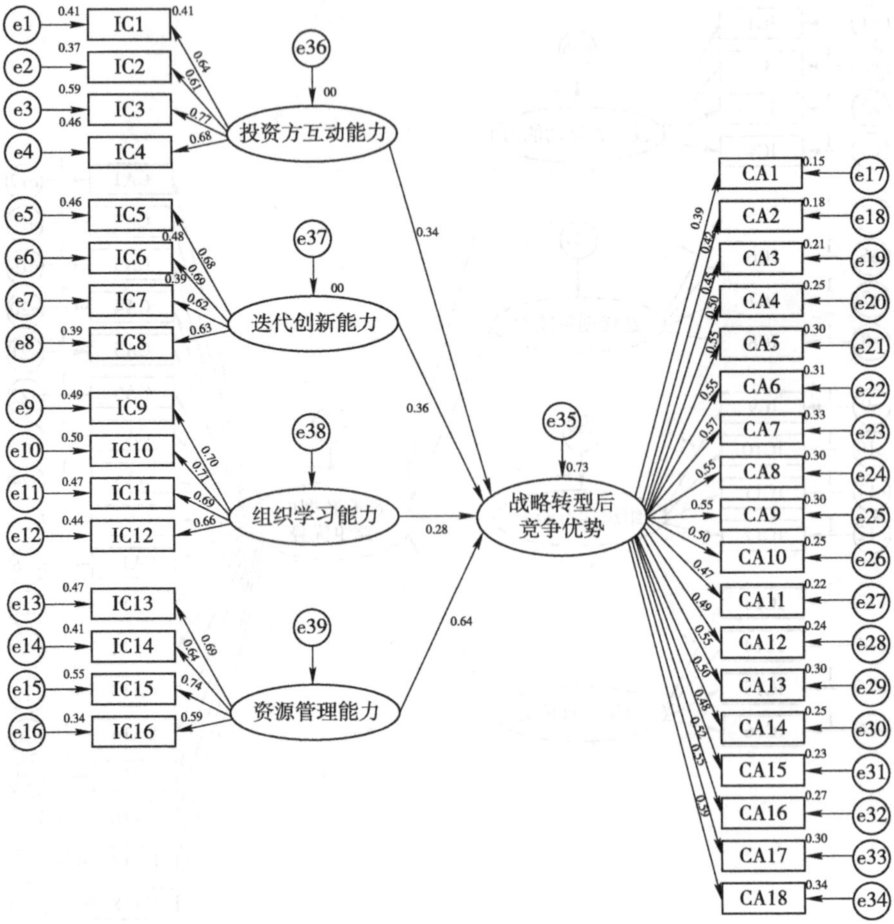

图 7-16　主效应路径系数图（标准化后）

表7-24　互联网能力各维度与战略转型后竞争优势的主效应路径系数估值表

路径			标准化	非标准化	S.E.	C.R.	P	Label
战略转型后竞争优势	<---	投资方互动能力	0.337	0.173	0.05	3.475	***	par_30
战略转型后竞争优势	<---	迭代创新能力	0.356	0.201	0.058	3.454	***	par_31
战略转型后竞争优势	<---	组织学习能力	0.278	0.162	0.052	3.138	0.002	par_32
战略转型后竞争优势	<---	资源管理能力	0.642	0.408	0.1	4.076	***	par_33

续表

路径			标准化	非标准化	S.E.	C.R.	P	Label
IC1	<---	投资方互动能力	0.643	0.828	0.121	6.829	***	par_1
IC2	<---		0.612	0.861	0.131	6.572	***	par_2
IC3	<---		0.768	1.077	0.143	7.54	***	par_3
IC4	<---		0.682	1				
IC5	<---	迭代创新能力	0.682	1.046	0.163	6.404	***	par_4
IC6	<---		0.693	1.052	0.163	6.453	***	par_5
IC7	<---		0.621	0.961	0.158	6.063	***	par_6
IC8	<---		0.626	1				
IC9	<---	组织学习能力	0.7	0.971	0.138	7.061	***	par_7
IC10	<---		0.71	1.091	0.153	7.124	***	par_8
IC11	<---		0.688	1.12	0.16	6.986	***	par_9
IC12	<---		0.661	1				
IC13	<---	资源管理能力	0.689	1.244	0.192	6.493	***	par_10
IC14	<---		0.643	1.047	0.168	6.229	***	par_11
IC15	<---		0.739	1.286	0.191	6.737	***	par_12
IC16	<---		0.586	1				
CA1	<---	战略转型后竞争优势	0.388	1				
CA2	<---		0.422	1.108	0.287	3.862	***	par_13
CA3	<---		0.454	1.154	0.288	4.01	***	par_14
CA4	<---		0.505	1.273	0.301	4.221	***	par_15
CA5	<---		0.548	1.304	0.298	4.375	***	par_16
CA6	<---		0.554	1.321	0.301	4.394	***	par_17
CA7	<---		0.571	1.29	0.29	4.447	***	par_18
CA8	<---		0.551	1.419	0.324	4.384	***	par_19
CA9	<---		0.552	1.341	0.306	4.387	***	par_20
CA10	<---		0.504	1.131	0.268	4.219	***	par_21
CA11	<---		0.47	1.166	0.286	4.081	***	par_22
CA12	<---		0.493	1.206	0.289	4.176	***	par_23
CA13	<---		0.551	1.336	0.305	4.385	***	par_24
CA14	<---		0.502	1.287	0.306	4.209	***	par_25

续表

路径			标准化	非标准化	S.E.	C.R.	P	Label
CA15	<---	战略转型后竞争优势	0.482	1.12	0.271	4.131	***	par_26
CA16	<---		0.521	1.236	0.289	4.279	***	par_27
CA17	<---		0.551	1.318	0.301	4.385	***	par_28
CA18	<---		0.586	1.243	0.277	4.494	***	par_29

注：***表示在0.001水平上显著。

（三）模型拟合评价及检验

对互联网能力下各维度对战略转型后竞争优势影响的主效应模型进行分析，得到模型运行结果，如表7-25所示。

表7-25　互联网能力各维度对战略转型后竞争优势影响的主效应模型适配程度分析

检验统计量	χ^2/df	GFI	RMR	NFI	IFI	TLI	CFI	RMSEA
检验结果	3.149	0.839	0.025	0.868	0.854	0.824	0.865	0.031
模型适配程度判断	是	是	是	是	是	是	是	是

由表7-25可知：主效应模型的卡方与自由度之比为3.149，GFI为0.839，RMR为0.025，NFI为0.868，IFI为0.854，TLI为0.824，CFI值为0.865以及RMSEA值为0.031，由此可见，互联网能力各维度与战略转型后竞争优势的主效应模型整体的适配度一般，但基本满足拟合要求。

由表7-24可知：路径“战略转型后竞争优势<---投资方互动能力”的标准化系数为0.337，C.R.值为3.475，其绝对值远大于1.96临界值，且显著性概率P在0.001水平上显著，因此，假设条件2（投资方互动能力与战略转型后竞争优势存在正相关关系）与得到的样本数据检验结果一致。

路径“战略转型后竞争优势<---迭代创新能力”的标准化系数为0.356，C.R.值为3.454，其绝对值远大于1.96临界值，且显著性概率P在0.001的水平上达到显著，因此，假设条件3（迭代创新能力与战略转型后竞争优势存在正相关关系）与得到的样本数据检验结果一致。

路径“战略转型后竞争优势<---组织学习能力”的标准化系数为0.278，C.R.值为3.138，其绝对值远大于1.96临界值，且显著性概率P值为0.002，在

0.05的水平上达到显著，因此，假设条件4（组织学习能力与战略转型后竞争优势存在正相关关系）与得到的样本数据检验结果一致。

路径“战略转型后竞争优势<---资源管理能力”的标准化系数为0.642，C.R.值为4.076，其绝对值远大于1.96临界值，且显著性概率P在0.001的水平上达到显著，因此，假设条件5（资源管理能力与战略转型后竞争优势存在正相关关系）与得到的样本数据检验结果一致。

五、互联网能力及其维度与战略转型后竞争优势的全路径模型

（一）结构方程模型设定

根据前文建立的假设条件以及中介效应分析，初步分析了互联网能力、互联网能力维度（投资方互动能力、迭代创新能力、组织学习能力、资源管理能力）与战略转型后竞争优势间的相互关系，得出互联网能力能发挥完全中介作用。在此基础上建立了互联网能力与战略转型后竞争优势关系的主效应结构方程模型、互联网能力各维度与战略转型后竞争优势关系的主效应结构方程模型。经过模型拟合和路径分析可知，在不同模型设定下，自变量、中介变量与因变量之间均存在显著相关关系。为进一步探索互联网能力下各维度、互联网能力与战略转型后竞争优势的三者关系，构建以互联网能力为中介变量，互联网能力各维度对战略转型后竞争优势影响的全路径模型，主要涉及互联网能力量表与战略转型后竞争优势量表。量表的信度和效度均在前文研究中进行了验证，满足研究要求，可以进行结构方程模型分析。

全路径模型中的各潜在变量的观测指标为互联网能力量表，包括投资方互动能力（IC1、IC2、IC3、IC4），迭代创新能力（IC5、IC6、IC7、IC8），组织学习能力（IC9、IC10、IC11、IC12），资源管理能力（IC13、IC14、IC15、IC16），共16个测量指标。战略转型后竞争优势量表，包括成本优势（CA1、CA2、CA3、CA4），技术优势（CA5、CA6、CA7、CA8、CA9），价值优势（CA10、CA11、CA12、CA13、CA14），资源优势（CA15、CA16、CA17、

CA18)，共18个测量指标。运用AMOS 26.0软件，将待检测的模型转化为结构方程模型路径图，图形化界面如图7-17所示。

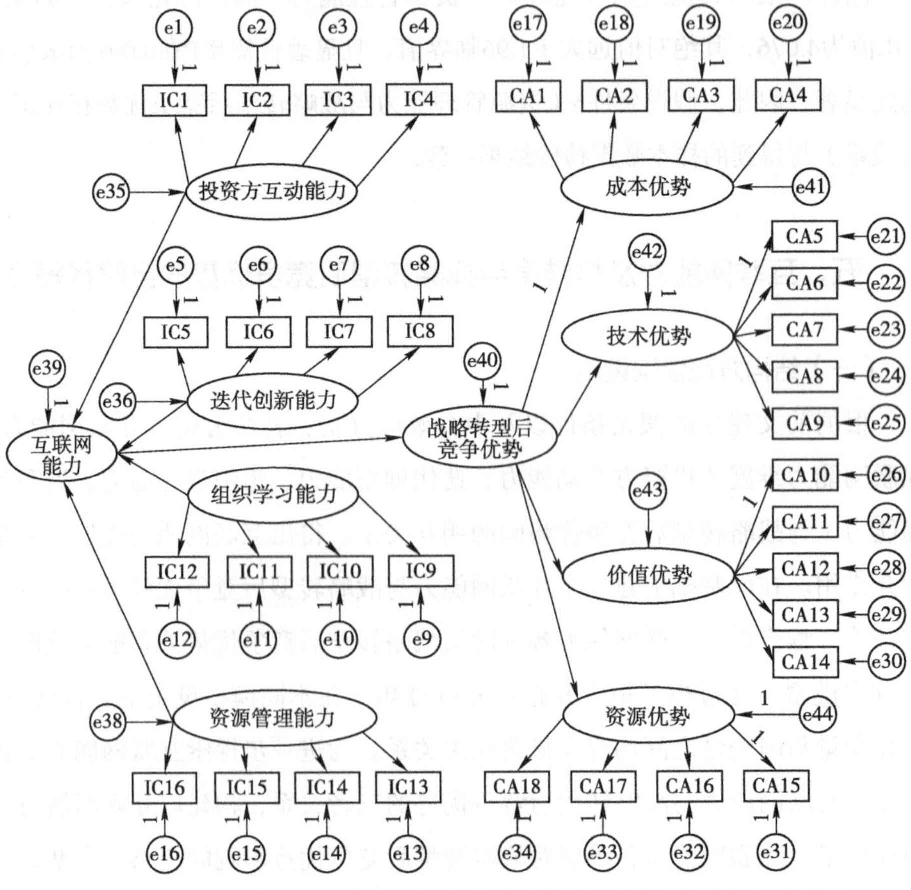

图7-17 互联网能力及其维度与战略转型后竞争优势关系的全模型路径图

（二）模型参数估计与拟合结果

样本数据在AMOS 26.0软件处理下，对互联网能力及其维度与战略转型后竞争优势关系的全路径模型进行参数估计和模型拟合，结果如图7-18与表7-26所示。

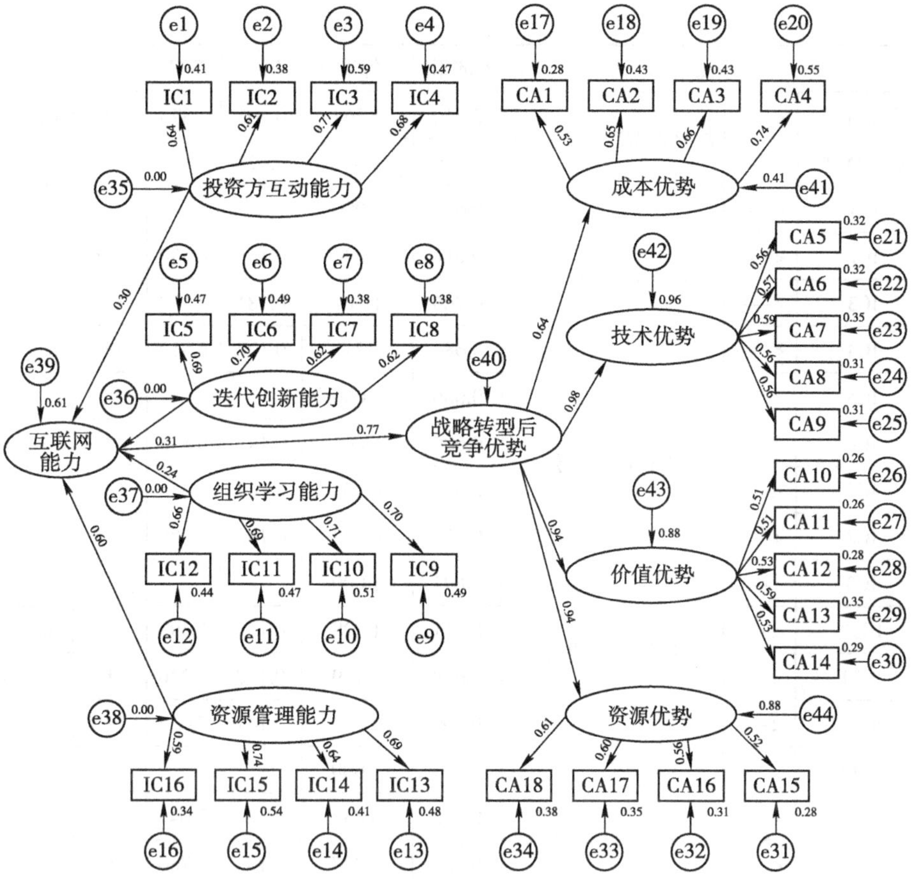

图 7-18　全模型结构方程模型路径图（标准化后）

表7-26　互联网能力及其各维度与战略转型后竞争优势关系的全路径系数估值表

路径			标准化	非标准化	S.E.	C.R.	P	Label
战略转型后竞争优势	<---	互联网能力	0.769	0.162	0.056	2.916	0.004	par_27
互联网能力	<---	投资方互动能力	0.299	1.000				
	<---	迭代创新能力	0.319	0.924	0.293	3.155	0.002	par_28
	<---	组织学习能力	0.239	0.772	0.275	2.807	0.005	par_29
	<---	资源管理能力	0.606	1.662	0.443	3.751	***	par_30
成本优势	<---	战略转型后竞争优势	0.635	1.000				
技术优势	<---		0.981	1.656	0.473	3.501	***	par_22

续表

路径			标准化	非标准化	S.E.	C.R.	P	Label
价值优势	<---	战略转型后竞争优势	0.940	1.367	0.405	3.373	***	par_23
资源优势	<---	战略转型后竞争优势	0.939	1.437	0.423	3.402	***	par_24
IC1	<---	投资方互动能力	0.642	1.000				
IC2	<---	投资方互动能力	0.614	1.046	0.165	6.330	***	par_31
IC3	<---	投资方互动能力	0.766	1.300	0.181	7.177	***	par_32
IC4	<---	投资方互动能力	0.684	1.215	0.178	6.819	***	par_33
IC5	<---	迭代创新能力	0.686	1.000				
IC6	<---	迭代创新能力	0.696	1.005	0.147	6.843	***	par_1
IC7	<---	迭代创新能力	0.618	0.909	0.143	6.365	***	par_2
IC8	<---	迭代创新能力	0.620	0.942	0.148	6.380	***	par_3
IC9	<---	组织学习能力	0.697	1.000				
IC10	<---	组织学习能力	0.711	1.128	0.153	7.393	***	par_4
IC11	<---	组织学习能力	0.689	1.159	0.160	7.246	***	par_5
IC12	<---	组织学习能力	0.660	1.033	0.147	7.036	***	par_6
IC13	<---	资源管理能力	0.691	1.000				
IC14	<---	资源管理能力	0.643	0.838	0.119	7.045	***	par_7
IC15	<---	资源管理能力	0.737	1.027	0.132	7.780	***	par_8
IC16	<---	资源管理能力	0.586	0.801	0.123	6.515	***	par_9
CA1	<---	成本优势	0.352	1.000				
CA2	<---	成本优势	0.656	1.377	0.348	3.960	***	par_10
CA3	<---	成本优势	0.655	1.350	0.341	3.959	***	par_11
CA4	<---	成本优势	0.761	1.547	0.380	4.069	***	par_12
CA5	<---	技术优势	0.565	1.000				
CA6	<---	技术优势	0.570	1.012	0.172	5.879	***	par_13
CA7	<---	技术优势	0.589	0.990	0.165	6.016	***	par_14
CA8	<---	技术优势	0.558	1.013	0.175	5.789	***	par_25
CA9	<---	技术优势	0.561	1.077	0.186	5.808	***	par_15
CA10	<---	价值优势	0.510	1.000				

续表

路径			标准化	非标准化	S.E.	C.R.	P	Label
CA11	<---	价值优势	0.512	1.093	0.220	4.973	***	par_16
CA12	<---		0.532	1.123	0.220	5.100	***	par_17
CA13	<---		0.537	1.190	0.232	5.127	***	par_26
CA14	<---		0.591	1.238	0.228	5.436	***	par_18
CA15	<---	资源优势	0.526	1.000				
CA16	<---		0.561	1.091	0.203	5.377	***	par_19
CA17	<---		0.595	1.166	0.209	5.579	***	par_20
CA18	<---		0.613	1.074	0.189	5.681	***	par_21

注：***表示在0.001水平上显著。

（三）模型拟合评价及检验

对互联网能力及其维度与战略转型后竞争优势关系的全模型拟合适配程度进行分析，得到模型运行结果如表7-27所示。

表7-27 互联网能力及其维度与战略转型后竞争优势关系的全模型拟合适配程度

检验统计量	χ^2/df	GFI	RMR	NFI	IFI	TLI	CFI	RMSEA
检验结果	3.104	0.839	0.045	0.859	0.874	0.903	0.873	0.079
模型适配程度判断	是	是	是	是	是	是	是	是

表7-27结果显示，该全路径模型拟合指标基本达到了可接受水平，全模型的卡方与自由度比为3.104，GFI为0.839，RMR为0.045，NFI为0.859，IFI为0.874，TLI为0.903，CFI值为0.873以及RMSEA值为0.079。

由表7-26可知，路径“战略转型后竞争优势<---互联网能力”的标准化系数为0.796，C.R.值为2.916，大于临界值1.96，且显著性概率P为0.004，在0.05上显著，因此，假设条件1与得到的样本数据检验结果一致。互联网能力作为中介变量，在自变量（投资方互动能力、迭代创新能力、组织学习能力和资源管理能力）与因变量（战略转型后竞争优势）间起媒介作用，且互联网能力是完全中介的，自变量可通过互联网能力直接对因变量产生影响。路径“互联网能力<---投资方互动能力”的标准化系数为0.299，并通

过了显著性检验，投资方互动能力通过中介变量互联网能力对战略转型后竞争优势产生影响，因此假设条件2在实证中同样本检验保持一致。路径“互联网能力<---迭代创新能力”的标准化系数为0.319，C.R.值为3.155，显著性概率P为0.002，通过了0.05的显著性水平检验；“互联网能力<---组织学习能力”的标准化系数为0.239，C.R.值为2.807，显著性概率P为0.005，通过了0.05的显著性水平检验；“互联网能力<---资源管理能力”的标准化系数为0.606，C.R.值为3.751，通过了0.001的显著性水平检验。由此，假设条件3、假设条件4、假设条件5均与得到的样本数据检验结果一致，并分别得到最终的作用路径。

六、实证研究结论

本章在研究假设条件的基础上，运用SPSS 23.0软件，对问卷调查所获取的样本数据进行统计分析，并建立结构方程模型。运用AMOS 26.0对模型中的作用路径进行分析，结果显示：互联网能力对建筑企业战略转型后竞争优势有着显著正向影响，互联网能力各维度对建筑企业战略转型后竞争优势有着显著正向影响。同时，互联网能力在投资方互动、迭代创新、组织学习以及资源管理与建筑企业战略转型后竞争优势的正向关系中起完全中介作用。本研究在前文中提出的假设条件均与得到的样本数据检验结果保持一致，并形成最终的作用路径，如表7–28所示。

表7–28　研究结果汇总

研究内容	检验结果
假设条件 1：互联网能力和战略转型后竞争优势存在正相关关系	一致
互联网能力 ---> 战略转型后竞争优势	显著
假设条件 2：投资方互动能力与战略转型后竞争优势存在正相关关系	一致
投资方互动能力 ---> 互联网能力 ---> 战略转型后竞争优势	显著
假设条件 3：迭代创新能力与战略转型后竞争优势存在正相关关系	一致

续表

研究内容	检验结果
迭代创新能力 ---> 互联网能力 ---> 战略转型后竞争优势	显著
假设条件 4：组织学习能力与战略转型后竞争优势存在正相关关系	一致
组织学习能力 ---> 互联网能力 ---> 战略转型后竞争优势	显著
假设条件 5：资源管理能力与战略转型后竞争优势存在正相关关系	一致
资源管理能力 ---> 互联网能力 ---> 战略转型后竞争优势	显著

根据实证研究结果中的作用路径分析，互联网能力及其不同维度与建筑企业战略转型后竞争优势之间均存在显著的相关关系，即存在必然的因果关系，不断强化企业互联网能力将提升建筑企业在市场的竞争优势。在互联网环境下，建筑企业积极利用互联网科学技术改善和整合企业资源，提升技术手段和生产条件的创新水平，加强企业组织和边界管理，不断强化企业内部文化培养和学习思维培养，以此提升企业的投资方互动能力、迭代创新能力、组织学习能力以及资源管理能力，为战略转型创造有利条件。

参考文献

[1] 姚桂清. 以企业文化建设促进大型建筑企业管理提升 [J]. 铁道工程学报, 2015, 32（8）: 100–105.

[2] 夏志华. 建筑企业PCMC战略管理模型研究 [J]. 建筑经济，2018，39（6）: 17–21.

[3] 穆文奇. 建筑企业动态能力对持续竞争优势的作用研究[D]. 北京：北京交通大学, 2017.

[4] 龚学文. 建筑企业品牌价值评价 [D]. 哈尔滨：哈尔滨工业大学, 2019.

[5] 石蕾. 互联网驱动下房地产企业战略转型关键因素研究[D]. 天津：天津大学, 2016.

[6] 洪玉乔. 大数据能力对企业创新绩效的影响机制研究[D]. 南京：南京邮电大学，2019.

[7] 谢晓红. 中国建筑企业创新发展模式研究[D]. 西安：西安建筑科技大学，2015.

第八章 ｜ 基于互联网能力的建筑企业战略转型策略

在经济全球化趋势下，随着市场环境的复杂变化，我国大多数建筑企业面临着转型升级瓶颈、同质化竞争、效率低下等困境。受“互联网+”浪潮的影响，建筑企业逐渐走上互联网化的战略转型道路，力图通过转型实现企业组织重构、综合能力提升，以此增强在市场中的适应和应变能力，并不断扩大竞争优势，使企业的发展具有可持续性。前述实证研究的作用路径表明，互联网能力是建筑企业实现转型并获得竞争优势的重要中坚力量，包括投资方互动、迭代创新、组织管理、资源管理等能力的提升都是企业迈向互联网化发展的关键。这些能力为企业战略转型提供动力支撑。结合实证研究结果，本章从投资方互动、迭代创新、组织管理和资源管理方面提出推动建筑企业战略转型的对策和建议，并根据建筑企业互联网发展状况提出企业战略转型的互联网化策略，为建筑企业转型发展提供科学的解决方案。

第一节 基于投资方互动的建筑企业战略转型策略

一、加强建筑企业与投资方互动的关系管理

（一）构建投资方互动关系管理体系

高效率的信息沟通交流可以深化投资方对建筑企业文化和企业战略的理

解，增强投资者信心，引导投资方支持建筑企业发展，使企业运营保持长期稳定。因此，建筑企业需要构建一个与投资方保持长期互动关系的管理体系，在此管理体系中建筑企业作为管理主体，直接作用于客体（与企业利益高度相关的投资方），包括现有投资者以及潜在投资者。管理体系的核心是主体（建筑企业）与客体（投资方）间的信息沟通机制。为保证信息沟通机制的高效运行，企业应设立处理投资方关系的管理部门，对管理人员的专业素养构建完善的培训机制，以此提高企业的互动关系管理水平。

（二）建立基于互联网渠道的信息沟通机制和信息反馈系统

在投资方互动关系管理体系中，信息沟通机制是建筑企业与投资方交流的核心，信息沟通渠道作为重要的媒介和手段，建筑企业应在现有的制度规范约束下，寻求更快速高效的方式向投资方传递信息，因此需要对信息沟通渠道不断创新。传统信息沟通媒介，也称基础媒介，是建筑企业与投资方沟通的最基本方式，其主要形式包括投资方咨询专线、咨询邮箱以及企业公开资料，是在对投资方关系管理中沟通和交流最常见的且最为重要的方法。随着互联网技术的快速发展，以互联网作为信息沟通媒介已成为常态，并成为投资方互动渠道的重要组成部分。建筑企业应积极构建网络沟通平台，设置投资方互动专区，及时响应投资方的需求。同时，建筑企业应借助互联网技术进行创新，如依托互联网发展不断涌现新型信息沟通渠道时，企业应将信息披露视角转向新型社交媒介，并通过此媒介与投资方建立互动的信息管理机制。在“互联网+”环境下，只有不断探索更便捷的信息沟通渠道，建立完善的投资方互动机制，才能高效地响应投资方的需求，为其提供更满意的服务。

为保持良好的互动关系，建筑企业除建立高效的信息沟通渠道外，还需要依据信息交流情况及时进行信息反馈，包括投资方在接受服务时的感知评价、投资意愿等，建筑企业再根据投资方的信息反馈做出响应。这不仅能够促进建筑企业在产品及服务上的改良和创新，还能增强建筑企业产品及服务在市场的竞争力。信息反馈在实际互动过程中的表现为让投资方参与开发核心环节，并要求投资方参与开发过程监督。建筑企业依据投资方的合理意见及时做出调整，可以保证开发过程的稳定性，从而提高建筑产品及服务的质量，提升企业经营绩效和优化组织结构，促进企业战略转型。顺应投资方的合理需求既是建筑企业不断进行变革的重要出发点，也是促进企业转型的动力之一。在激烈的市场竞争环境下，建筑企业面临诸多压力和挑战，需要依靠投资方的支持改变在市场竞争中的地位。因此建筑企业应积极创造性地为投资方提供柔性服务，以此提升投资方满意度[1]。另外，在服务过程中，为实现投资方价值最大化，需要对其投资行为和对象进行深入分析和理解，在投资方提出投资意向前对客群进行分析，根据互动反馈获得有效信息为投资方提供前期服务。

二、基于互联网互动的企业管理手段创新

（一）构建互联网互动的战略平台

建筑企业实现互联网化战略转型的一个重要方面就是在企业内部形成互联网理念，并通过互联网与投资方建立联系，借助互联网互动将企业转型从概念提升到企业管理的战略高度。现阶段部分建筑企业已经掌握互联网技术，并将其运用于建筑产品生产、质量控制、进度优化、成本管理等方面，但利用互联网技术与投资方之间进行互动活动的现代化管理模式未受到重视。在管理手段方面，企业应构建互动平台，为建筑企业与投资方之间的交流提供便利的渠道与工具，这是企业内部培育互联网思维的重要途径。在运用互联网技术创造产品价值的同时，提高云服务的质量。在互联网环境中，互动平台将作为信息传递的依托，在建筑企业与投资方之间起到枢纽作用，任何现有投资者或潜在投资者都可以参与其中。在互联网互动平台，加强与投资者的信息交流，提升投资者在产品设计和生产过程中的参与感，有助于培养投资者的忠诚度，从而在建筑企业与投资方之间建立相契合的互动模式[2]。

（二）树立知识共享理念

企业转向知识密集型发展是现代化发展的基础，在企业内部树立知识共享理念，是实现知识转移的重要方式。对于大多数建筑企业，受企业的经营模式和理念的影响，实现企业内外部的知识共享比较困难，无法将知识共享与促进技术创新、提升企业管理能力并论，难以引起管理者对知识共享的重视。在企业内部树立良好的知识共享理念，使知识广泛并高效地扩散，将知识转移至企业管理的各个环节，可以为企业创新提供可持续性的动力，从而实现知识转化，为企业发展带来新的价值。知识通过共享发生转移也是企业内部互动思维养成的重要途径，在共享氛围下不仅有利于企业员工丰富个体知识库，也有助于与投资方的互动实践。

第二节　基于迭代创新的建筑企业战略转型策略

一、运用创新优势驱动经营模式多元化

随着高新技术的发展，各行业开始进行创新行为的“竞赛”，建筑企业亟须依靠创新在市场获取竞争优势，应同多数前沿发展的企业一样，不断进行技术和管理上的创新，在企业经营管理模式上实现创新，目的是形成更具活力的管理手段和组织模式，维持建筑企业的可持续性发展。建筑企业的经营管理模式创新就是充分挖掘自身在经营管理方面拥有的优势，在充分利用优势的基础上进行改进。

首先，在互联网背景下建筑企业进行迭代创新，应该在稳定的发展中求新、求变、求转型，拓展多元化的经营管理模式，消除单一模式下造成的发展瓶颈。建筑企业需要找到适合自身发展的方向，并依靠内部和外部资源不断构建未来可持续发展的路径，在互联网经济下善于运用多元化的经营策略，

积极拓展经营范围，将自身优势转化为市场竞争力[3]。其次，进行多元化的企业经营管理模式创新，需要准确把握企业所具备的专业性与综合性，避免在多元化发展过程中忽略资源带来的局限性。经营管理模式多元化的优势在于规避风险的同时为企业建立良好的业务生态圈，因此企业应根据自身特点，以经营主业为核心，不断强化核心竞争力。采取多元化战略发展的建筑企业，在强调“主业优先”的同时，应积极探索关联业务，拓展企业经营范围，完善企业服务体系，弥补企业在主业经营上的不足和缺陷。最后，建筑企业应准确把握前沿市场，及时进行产业升级和技术革新，在条件成熟的情况下进行战略调整，推动企业转型升级。

二、立足服务生态系统构建服务创新组织

随着服务经济的发展，企业经营理念逐渐向服务至上转移，服务与产品深度融合成为有机整体，服务创新理念也上升到新的高度。部分国外学者将服务创新看作企业利用现有资源，以整合资源的方式创造新价值的过程；国内学者认为服务创新是企业提供服务过程中有意识形成的“无形”活动，其创新形式多样化，目的是更好地满足客户需求，培养客户忠诚度，保持企业竞争优势。服务创新已经成为企业持续经营、获取客户的重要手段，并从技术创新维度转向制度创新、管理创新等多个维度，从企业内部服务结构调整转向内外合作，从价值的提供者转向企业与客户的价值共创者。服务创新已经成为企业营销中不可或缺的重要部分，在某些情况下甚至会起到决定性作用，因此，建筑企业需要通过服务创新提升整体竞争实力。首先，多维度的服务创新与技术创新一样，需要以一定的组织形式作为依托，在服务组织的基础上进行创新活动。在企业转型过程中，通过设置创新部门或协调组织进行创新投入，提高工作效率，降低创新风险和节约成本。从组织结构角度理解创新组织，与企业内部技术创新或开发部门有较大差异，创新组织不仅进行技术革新，还包括对企业管理理念、企业文化、服务体系等方面的创新，

创新组织与研发部门的相同之处在于均具有创新思维，并积极依靠创新活动提高企业整体管理水平。其次，为保证企业具有长期的高水平服务创新能力，企业需要连续开展创新活动，保持企业的创新活力，通过服务链形式或者集体的创新活动实现创新组织系统化。企业服务创新除了战略层面的创新组织，还需要加强企业中个体创新的促进作用，如宣传企业家精神、企业文化引导，提升内部专家和职工对创新活动的积极性。在构建创新组织过程中，由于个体差异与创新主体之间存在利益冲突，可能使创新服务过程复杂化并产生分歧，需要有效引导和交流，充分发挥个体创新的促进作用。创新活动本是一个推陈出新的过程，无论是从企业组织层面，还是从企业人员层面，创新活动的本质都具有一致性，只是表现形式和作用方式存在差异，因此企业要较好地实现服务创新，需要有效引导企业内部成员间的创新相互结合，发挥协同作用。通过构建服务创新组织，将有效促进企业的创新化进程，为企业战略转型提供强劲的创新能力。

三、明确企业核心价值，加强组织边界管理

为了在竞争激烈的市场环境中脱颖而出，建筑企业必然要有自己核心的竞争优势，如作为建筑类平台企业，平台的核心价值将是市场影响力的关键所在[3]。在互联网搭建起的网络平台，企业需要与市场同行业企业进行沟通和交流，依据市场的反馈信息，明确自身的核心价值和发展前景，从市场找准未来发展的方向，在市场抢占新的商业契机，为企业转型提供新的方向。

建筑企业转型时，明确自己的核心价值，通过确定组织边界提升核心竞争力，即如何引入投资者与参与者为转型提供支撑。主流组织理论认为组织与外界进行沟通的基础是边界，双方之间的互动行为需要借助边界来完成。如何界定边界，以及划分边界的管理形式是进行组织管理的重要任务。从宏观角度分析，组织边界一方面确定了组织的轮廓，另一方面为组织与外界沟

通起到桥梁作用，可将组织边界大致地划分为内部边界和外部边界两种形式，在此基础上加强对组织边界的管理，从而提升企业在市场环境中的适应能力。通过制度化手段，对企业转型过程起到促进作用的边界加以保留和固化。

首先，明确隐形边界。在企业经营过程中会出现隐形边界，如与潜在投资者之间可能存在交流，尽管隐形边界尚未明晰，但可对企业未来发展产生重要的影响与作用，应该及时与潜在投资者进行交流，明确规定此类边界，并为指导执行提供依据，固化边界。其次，主动进行边界管理。企业管理层积极学习对应的边界管理知识，对现存边界主动进行管理与革新，建立相关管理制度，提升工作效率。较好地实行边界管理需要不断与企业内部组织进行磨合，积累相应的管理经验，在对相关管理规章进行完善的同时，尽可能保障管理制度的科学性、稳定性和可操作性。

第三节　基于组织学习的建筑企业战略转型策略

一、增强企业内部与外部知识获取的主动性

组织学习理论表明组织成员通过知识转移为企业赢得竞争优势，是具有主动性的组织动机和行为，企业内部与外部进行知识传递，提高知识利用率，不仅可以扩充企业的知识库，还能帮助企业更好地适应复杂多变的市场环境。主动从企业外部环境获取知识，不断更新现有知识体系对提升企业竞争能力具有至关重要的影响。通过吸收外部异质性资源并转化为自身可利用的有效资源，是企业不断进行迭代创新的首要前提。将主动进行知识获取和有效整合提升到企业发展的战略地位，使其成为建立企业知识管理体系的基础，是企业提升自身竞争优势和动态能力的核心组织行为。

首先，提升企业员工知识共享的主动性，为知识转移提供先决条件。企

业内部员工之间存在竞争和合作关系，管理层在制定组织学习行为制度时，应积极引导员工培养正确的竞争或合作意识，创建企业内部良好的竞争氛围，为知识转移创造条件，增强员工之间进行知识转移的共享意识。通过建立有效的激励机制，促进员工之间、部门之间进行知识学习、知识共享，提升知识流动效率和配置效率。其次，营造知识共享的氛围，为知识转移创造有利环境。组织企业内部部门之间、员工之间的交流讨论会，学习行业当前较为先进的技术手段和管理理念，在对知识进行学习和巩固的同时，增强员工之间的交流和信任，拉近员工之间的距离，在企业内部营造良好的知识共享氛围。

二、营造企业学习文化

知识获取和知识创造是知识转移的方式和目的，也是企业进行知识管理、营造学习氛围的核心。企业通过获取、创造、转移等行为得到的异质性知识属于内部资源，是企业在不断变化的市场环境中维持竞争优势的关键，通过营造良好的学习氛围，不断丰富企业的学习文化，鼓励知识的创新创造，形成全员性的学习行为，实现员工和组织之间的协同或自我超越，提升企业的学习能力，增强文化底蕴，为转型提供支撑[4]。

首先，企业需要树立明确的学习价值观。学习型企业发展的基础条件是在内部培养学习价值观，良好的学习价值观可以对企业员工的学习行为起到良好的引导和辅助作用，也可约束部分员工的惰性思想。在企业内部达成全员一体化的学习共识，将学习文化渗透到企业的发展目标、组织成员的个人利益中，把有益的学习活动作为培养企业文化的重要媒介，从而为企业战略转型提供持续的动力。

其次，制订学习计划和相关约束措施。企业应该明确进行组织学习行为的目的，在开展相关学习活动之前充分考虑方案的科学性和可实践性，根据现实情况对活动过程进行整体规划和设计，制定一系列学习战略、学习方针，为顺利开展学习过程提供总体性指导，同时制定相应的保障性措施，保证学习活动的正常进行和整体效果。

再次，建立多样化的学习引导机制，依据不同需求、不同类型、不同阶段的学习活动匹配相应的学习管理手段，是保证学习活动产出成果的根基。如学习各个阶段的作用机制，在开始形成学习动机时，主张对知识的扩展式吸收和接纳；在学习过程中，主张团队探讨和交流，深化对相关内容的理解，逐渐形成最优的知识汲取方案；学习活动结束时，总结学习过程中出现的关键问题，在反思中交流学习心得，巩固学习成果，并为下一次学习积累经验。

最后，开展学习活动必不可少的还有组织领导的带头和示范性作用，在企业学习文化的过程中，管理者需要具备推动组织发展的能力，积极发挥模范作用，做好学习群体的标杆，重视学习和创新并且拥有一定忧患意识，能够在学习过程中产生良好的影响，促进组织积极发展。

第四节　基于资源管理创新的建筑企业战略转型策略

一、人力资源管理创新

建筑企业的人力资源在互联网的影响下呈现形式多样化、潜力资本化等特点，企业人才类别正朝着高层次、专业化、知识密集型方向发展，企业的发展潜能很大程度上取决于企业人才的保有量和专业化水平。因此，建筑企业通过人力资源管理创新驱动实现战略发展目标，以企业员工个体和组织的协同发展促进企业整体发展，从而获得市场竞争优势。

首先，创新人力资源管理思维。在互联网背景下建筑企业的组织管理方式随着时代变化需要做出相应调整，由串联式管理结构转向并联式管理结构，因为企业与员工之间不再只是雇佣关系，随着企业结构变化内部出现微小组织，员工也可能成为管理者并与企业形成新的合作关系。同时，人作为推动组织发展的重要力量，应该受到足够重视，建筑企业需要树立“以人为本”的发展理念，将人力资本视作一种战略性的稀缺资源，并把人力资源管理置于企业战略布局当中，加大对人力资源管理和开发的力度，从而激发人力资源的潜能，把人的作用最大化，为企业战略转型提供动力。另外，建筑企业的人力资源管理手段需要根据市场变化及时做出调整，逐步完善人力资源的组织管理手段，从战略部署上优化人力资源配置，从而提高企业人力资本组织绩效。

其次，建立弹性的人力资源管理制度和组织结构。在激烈的市场竞争下，建筑企业依靠互联网、信息技术等实现企业人力资源管理的信息化改革成为提高管理效率、优化成本目标的关键。通过互联网转型建立柔性化、网络化管理制度，优化管理层次，在提高管理效率的同时，也赋予企业员工更多自主权[5]。提高管理水平，需要建立专业化的企业组织结构并不断完善基层组织模块、部门职责，多元化的信息传递机制。标准化工作流程为人力资源合理配置提供保障，防止组织内部出现机构运行松散、职级或职数不合理扩张等现象。

再次，在人力资源管理过程中融入建筑企业文化、知识管理以及技术创新，将文化、知识、技术和人力充分结合并发挥更高的效用。企业文化是进行知识管理的基础，丰富的文化底蕴可以创造多样化的知识，企业转向知识密集型发展也是实现战略转型的重要途径。技术上的创新需要足够的知识作支撑，完善的企业知识体系可以为技术创新提供有利条件。增强建筑企业文化、知识管理与技术创新之间的互动，有利于提升企业创新水平。企业通过人力资源管理挖掘员工潜能，完善组织结构，不仅为技术创新提供文化和知识基础，并且提升了技术创新的效率，推动企业的创新化进程，为战略转型创造有利条件。

二、物资资源管理创新

建筑企业现代化的重要标志之一是对物资资源的管理现代化、智能化。由于建筑类企业生产经营过程涉及的物资管理活动具有多样、复杂、关联性大等特点，其物资资源管理方式能否满足现代化管理的要求是企业发展的关键。建筑企业进行现代化物资资源管理，应该积极从管理手段和组织模式的创新角度出发，通过建立更高效的作用机制和管理流程，使物资资源配置更合理、利用效率更高，从而提高物资资源的价值。

首先，合理运用互联网技术对物资采购机制进行完善，使其规范化、系统化。如企业严格按照规章对采购部门进行管理，严格把关采购过程，以此保障采购流程的整体性和透明性。同时，现代化物资采购管理正逐渐转向网络化管理，建筑企业应该加强采购的互联网化管理，提升采购部门利用互联网采购平台与供应商进行交流和合作的能力，依靠网络技术制订更科学、合理的采购计划，实现采购物资的线上筛选和比较，从而提高物资采购效率、降低进程成本。

其次，建筑企业需要在管理实践中不断完善现有的资源管理绩效考核制度。建立物资资源事前、事中、事后的“三管”考核制度。事前管理需要建筑企业事先明确物资资源的采购来源、属性和储存手段，在进行配置前保障资源质量；事中管理需要建筑企业建立资源输出及配置过程中的监督机制，如相关部门领取物资需要提供合理凭证，在资源分配上坚持以企业目标为主进行优化，避免部门之间因资源的配置和使用产生不和谐的现象；事后管理需要建筑企业对物资资源配置活动进行考核和后评价，通过绩效考核的方式检验配置效率，积累实践经验并延续到下一次任务中。

最后，物资资源管理过程的主体是企业管理人员，其职业素养和专业化水平对物资资源配置效率会产生较大的影响，因此，加强对管理人员的业务技能培训是提升企业物资资源管理水平的重要途径。建筑企业要建立资源管理过程和管理人员的双重绩效考核制度，从而调动管理人员的积极性。

三、财务资源管理创新

在互联网环境下，进行企业财务资源管理创新是实现企业战略转型的重要方式之一。

首先，建筑企业需要实现财务管理手段的网络化。一是建筑企业利用网络技术实现财务活动与经营活动之间的互动和协同，提高资源利用效率，同时降低经营成本。二是建筑企业在财务上实现线上管理，设立专门的网络管理组织，对人员进行互联网培训，使其加强网络财务技能和互联网服务思维，进而具备高效的财务管理能力。同时，网络化突破传统财务管理在时间和空间上的壁垒，增强企业在动态管理上的竞争能力。三是通过网络财务可以在互联网经济大环境下推动企业实现电子商务转型，拓展企业经营范围，面向更多的投资主体和投资项目，扩大企业的竞争优势。

其次，建筑企业需要合理运用财务再生机制，实现对运营成本的有效控制、提升管理效率。财务再生理论主要是指企业依靠集体智慧建立的财务生态系统，通过对其内部功能的筛选、综合评价及分析，可以有效识别系统中的核心功能，将这些功能引入新的结构中构建一套新的财务管理系统。财务再生行为直接作用于建筑企业投融资机制，不断优化财务系统的结构，以此促进企业财务管理体系的建设并不断提升财务管理地位。借助现代化、科学化的财务管理手段和调控机制，建筑企业资本的流通速度加快、结构趋于优化，将不断创造资本附加值，内部财务信息也通过高效的管理机制得以高度集中和快速处理，提升企业整体的财务管理能力，以此为企业战略转型决策提供有效支撑。

四、品牌资源管理创新

企业品牌以及品牌资源正逐渐成为引导市场客户需求的风向标，也是企业体现市场竞争优势的核心。建筑企业需要研究自身的品牌特性，并挖掘品牌资源的内涵[6]，将品牌的优势与市场客户需求紧密联系，在发挥既有品牌优势的同时，不断对品牌资源进行创新，以适应市场的需求，形成长期稳定的品牌战略，以此推动企业战略发展的实施进程。

首先，聚集建筑企业有限的品牌资源。无论是从建筑产品定位、投资方选择，还是市场区域或范围、市场营销策略，建筑企业都具有一定的品牌效应和品牌资源，但这些品牌资源通常是分散且无序的，无法在市场形成强有力的集聚效应。同时，品牌作为市场中竞争的基本单元，投资方或者客户的选择首先是基于品牌认知度，品牌成为竞争的焦点。如果能够将有效的资源聚焦在某一类产品，在投资方或者客户群体中占据“专家”优势，从而使其产生合作或者消费意向，则有利于提高企业经济效益。

其次，建筑企业在抓准企业品牌资源的特性后，根据不同的市场需求有的放矢地将资源配置在不同的产品或服务，通过新产品实现对品牌资源的转移，并从中提升品牌价值，延续品牌在市场的生命力。另外，建筑企业需要进一步提高整个品牌的价值，即在建筑企业拥有的不同品牌之间相互寻找契合点，通过开发或者宣传和推广，扩大品牌价值，形成品牌价值链，以此增强品牌对投资者或者客户群体的吸引力。

第五节　基于互联网化发展的建筑企业战略转型策略

本文根据投资方互动能力、迭代创新能力、组织学习能力、资源管理能力四种能力，分别提出四种能力情境下建筑企业战略转型的策略。这些策略可以被视为企业战略转型的“催化剂”，包含加强互动、培育创新、强化组织学习以及资源优化等基本要素，同时强调了互联网能力在企业战略转型中的优势与作用。在建筑企业互联网化进程中，除了投资方互动、迭代创新、组织学习、资源管理等能力得到提升，其他企业的能力也将得到提高。同时，企业在转型过程中通过互联网技术，不断增强自身的市场适应能力，具备更多的竞争优势，确保企业能够可持续发展。

一、明晰建筑企业的战略转型目标

将互联网技术纳入建筑企业战略转型的规划，对其发展具有明显的推动作用。为适应市场环境的变化，建筑企业亟须围绕企业战略进行“全球化、网络化、数字化”的变革。推动实现企业基于互联网背景下的战略转型，是企业满足投资方和市场需求，获取可持续性竞争优势的重要目标。第一，互联网背景下战略转型是对建筑企业传统管理模式的革新。在建筑企业传统的经营管理、生产制造、投资合作、服务咨询等活动中，企业主要依靠基础的信息披露方式与投资方取得联系与合作，效率较低。在互联网背景下，建筑企业一方面依靠信息技术改善自身的经营组织模式，扩展市场空间和产品类型；另一方面互联网技术使企业资源配置得到优化，企业能力在不同的领域得到提升。第二，明确战略转型能提升建筑企业的整体服务质量。互联网经济具有海量、包容、多元等特性，此新经济模式下催生了大量新兴产业，也带来更多元的消费需求。对于建筑业，多元的投资者需求为建筑企业发展带来了挑战和机遇，建筑企业需要引入互联网技术，不断吸收同行业或者其他行业的实践经验，依靠组织创新，整合企业人力、物资、财务、品牌等资源，完善企业价值链，并持续进行产品和服务创新，提升企业整体的产品或者服务质量，从而提高投资者的满意度。只有在借助互联网及时实现企业战略转型的实践过程中，不断明晰转型目标，才能始终保持企业战略的稳定性，为转型提供指导。

二、推进互联网技术下的企业战略体系建设

建筑企业实施互联网技术下的战略转型，除了要有明确的转型目标，保

持转型过程的正确路径，还需要完善战略转型的运行体系和保障体系。首先，建筑企业建立互联网技术下的战略运行机制。企业实现互联网技术下的战略转型既有生产或服务方式的变革，也涉及管理理念与管理模式的创新。传统的企业运行机制在互联网时代难以跟上创新发展的步伐，企业需要对自身组织进行变革[7]，以保障企业转型战略的实施过程能够顺利开展。一是强化总部组织，在企业战略规划上总部组织起着“领头羊”的作用，在突出战略重点和职能划分的同时，做好与基层组织的对接工作；二是组建互联网战略部门，从总部组织下发的指令出发，积极有序地重构企业管理系统，引入互联网技术对开发、生产、运营、供应等环节进行改革，完善数据的过程管理制度，将互联网技术融合到企业运行的各个环节，提高企业的互联网能力。三是完善组织的监管制度，采用科学方法针对企业运行的各环节构建分析模型，保障运行过程的合规性。其次，建立互联网技术下的战略管理保障体系。提高企业管理效率的核心是按照科学、合理的方法充分发挥组织的作用，在建筑企业战略转型的过程中应该根据组织形式制定相应的管理制度和行为规范，在为组织行为提供支持时，使转型过程的各个环节能够有序地进行。通过建立统一的管理保障体系，提高建筑企业进行战略转型的效率，激发员工参与的主动性，使员工能够与企业协同发展，为企业战略转型提供持续动力。

三、强化建筑企业战略转型的基础要素

建筑企业实施战略转型除了建立完善的战略体系，还需要两个基础要素：一是制度基础，包括在互联网能力提升策略中的投资方互动制度基础、创新组织基础、学习制度基础以及资源管理制度基础，依靠这些制度基础能够进一步提升企业的互联网能力，为建筑企业战略转型和创新提供支撑；二是基础设施，即满足互联网技术下企业战略运行所需的信息资源和设备设施。因此，建筑企业需要针对互联网技术下战略转型所需的资源和设备进行更新。首先，针对建筑企业基础网络，所拥有的网络设置和资源需要足够的

灵敏性、普适性和可操作性，在具体的操作过程中根据实际对象的差异实现柔性管理，即网络连接弹性化。其次，云计算是目前运用于企业互联网化、智能化的最重要的工具，加强建筑企业数据和信息资源的云建设和云管理，能有效减少资源分散带来的管理压力。将云计算运用于服务端，还可以针对不同的投资方需求为其提供专属化的服务，通过开放式网络平台与投资方实时互动，更好地满足其需求。最后，将互联网技术的运用提升到企业转型的战略高度，不断关注互联网发展为企业转型带来的机会，引入大数据技术并拓展在转型中的应用范围，逐渐实现大数据对企业网络化软硬件的统一协调，即企业基础网络系统与云应用将在大数据的集约化管理下实现融合运营。

参考文献

[1] 许梦芸. 投资者关系管理的信息沟通机制研究[D]. 昆明：云南财经大学, 2016.

[2] 朱敏杰. 互联网经济时代企业文化的建设研究[D]. 金华：浙江师范大学, 2015.

[3] 刘冲. 基于互联网的企业战略创新研究[D]. 兰州：甘肃政法学院, 2016.

[4] 李静霞. 知识转移、组织学习与企业动态能力关系研究[D]. 青岛：青岛大学, 2019.

[5] 杨晶晶. 互联网时代下传统企业人力资源管理模式转型研究[D]. 武汉：湖北工业大学, 2017.

[6] 陶芸. 企业品牌资源管理策略的初步研究[D]. 青岛：中国海洋大学, 2009.

[7] 牙伟. 企业互联网化转型路径研究[D]. 北京：中国地质大学, 2016.

附　录

附录1　建筑企业互联网能力指标相对重要度专家调查表

尊敬的专家：

您好，感谢您在百忙之中参与本次调研。本次调研的目的在于完善建筑企业互联网能力测度指标体系的构建。调查结果仅用于学术研究，并且调查过程采取匿名的形式。恳请各位专家根据实际情况填写，谢谢！

第一部分：基本信息

1. 工作单位：行政主管部门（　　）　　高校/科研院所（　　）

　　企业单位（　　）　　社会专业人士（　　）

2. 工作岗位：______________　　职称：______________

第二部分：互联网能力指标相对重要度判断

附表1至附表5是关于建筑企业互联网能力指标之间相对重要程度的判断，此调查表的边侧两列是各评价指标，调查表中间各列为两侧指标的相对重要性分值，评判等级采用1～5标度，1～5表示X对Y的相对重要程度增加，例如，1为同等重要，2为稍微重要，5为绝对重要。从1至1/5表示X对Y的相对不重要程度增加。

附表1 “建筑企业互联网能力（I）”的相对重要性比较

<table>
<tr><th rowspan="2">X</th><th colspan="9">重要性比较</th><th rowspan="2">Y</th></tr>
<tr><th>1/5</th><th>1/4</th><th>1/3</th><th>1/2</th><th>1</th><th>2</th><th>3</th><th>4</th><th>5</th></tr>
<tr><td rowspan="3">投资方互动能力（B1）</td><td></td><td></td><td></td><td></td><td></td><td></td><td></td><td></td><td></td><td>迭代创新能力（B2）</td></tr>
<tr><td></td><td></td><td></td><td></td><td></td><td></td><td></td><td></td><td></td><td>组织学习能力（B3）</td></tr>
<tr><td></td><td></td><td></td><td></td><td></td><td></td><td></td><td></td><td></td><td>资源管理能力（B4）</td></tr>
<tr><td rowspan="2">迭代创新能力（B2）</td><td></td><td></td><td></td><td></td><td></td><td></td><td></td><td></td><td></td><td>组织学习能力（B3）</td></tr>
<tr><td></td><td></td><td></td><td></td><td></td><td></td><td></td><td></td><td></td><td rowspan="2">资源管理能力（B4）</td></tr>
<tr><td>组织学习能力（B3）</td><td></td><td></td><td></td><td></td><td></td><td></td><td></td><td></td><td></td></tr>
</table>

附表2 “投资方互动能力（B1）”的相对重要性比较

<table>
<tr><th rowspan="2">X</th><th colspan="9">重要性比较</th><th rowspan="2">Y</th></tr>
<tr><th>1/5</th><th>1/4</th><th>1/3</th><th>1/2</th><th>1</th><th>2</th><th>3</th><th>4</th><th>5</th></tr>
<tr><td rowspan="3">互动思维（IC1）</td><td></td><td></td><td></td><td></td><td></td><td></td><td></td><td></td><td></td><td>响应能力（IC2）</td></tr>
<tr><td></td><td></td><td></td><td></td><td></td><td></td><td></td><td></td><td></td><td>价值管理（IC3）</td></tr>
<tr><td></td><td></td><td></td><td></td><td></td><td></td><td></td><td></td><td></td><td>授权程度（IC4）</td></tr>
<tr><td rowspan="2">响应能力（IC2）</td><td></td><td></td><td></td><td></td><td></td><td></td><td></td><td></td><td></td><td>价值管理（IC3）</td></tr>
<tr><td></td><td></td><td></td><td></td><td></td><td></td><td></td><td></td><td></td><td rowspan="2">授权程度（IC4）</td></tr>
<tr><td>价值管理（IC3）</td><td></td><td></td><td></td><td></td><td></td><td></td><td></td><td></td><td></td></tr>
</table>

附表3 “迭代创新能力（B2）”的相对重要性比较

<table>
<tr><th rowspan="2">X</th><th colspan="9">重要性比较</th><th rowspan="2">Y</th></tr>
<tr><th>1/5</th><th>1/4</th><th>1/3</th><th>1/2</th><th>1</th><th>2</th><th>3</th><th>4</th><th>5</th></tr>
<tr><td rowspan="3">创新理念（IC5）</td><td></td><td></td><td></td><td></td><td></td><td></td><td></td><td></td><td></td><td>创新投入（IC6）</td></tr>
<tr><td></td><td></td><td></td><td></td><td></td><td></td><td></td><td></td><td></td><td>科研能力（IC7）</td></tr>
<tr><td></td><td></td><td></td><td></td><td></td><td></td><td></td><td></td><td></td><td>技术应用（IC8）</td></tr>
<tr><td rowspan="2">创新投入（IC6）</td><td></td><td></td><td></td><td></td><td></td><td></td><td></td><td></td><td></td><td>科研能力（IC7）</td></tr>
<tr><td></td><td></td><td></td><td></td><td></td><td></td><td></td><td></td><td></td><td rowspan="2">技术应用（IC8）</td></tr>
<tr><td>科研能力（IC7）</td><td></td><td></td><td></td><td></td><td></td><td></td><td></td><td></td><td></td></tr>
</table>

附表4　“组织学习能力（B3）”的相对重要性比较

X	重要性比较									Y
	1/5	1/4	1/3	1/2	1	2	3	4	5	
学习共享（IC9）										开放学习（IC10）
										研习制度（IC11）
										学习愿景（IC12）
开放学习（IC10）										研习制度（IC11）
										学习愿景（IC12）
研习制度（IC11）										

附表5　“资源管理能力（B4）”的相对重要性比较

X	重要性比较									Y
	1/5	1/4	1/3	1/2	1	2	3	4	5	
技术支持（IC13）										推陈机制（IC14）
										员工培训（IC15）
										资源配置（IC16）
推陈机制（IC14）										员工培训（IC15）
										资源配置（IC16）
员工培训（IC15）										

附录2　某建筑企业互联网能力情况调查表

尊敬的专家：

您好，感谢您在百忙之中参与本次调研。本次调研的目的在于针对某建筑企业的互联网能力调查验证建筑企业互联网能力指标体系的适用性。调查结果仅用于学术研究，调查过程采取匿名的形式。恳请各位专家根据对某建筑企业调查的实际情况填写，谢谢！

第一部分：基本信息

1. 工作单位：行政主管部门（　　）　　高校/科研院所（　　）

企业单位（　　）　　社会专业人士（　　）

2. 工作岗位：__________　　职称：__________

第二部分：某建筑企业互联网能力评价表

附表6是关于某建筑企业的互联网能力指标实际情况评价表，根据对某建筑企业的实际调查情况，请您在认为合适的选项下画"√"。

附表6　某建筑企业的互联网能力指标实际情况评价表

二级指标	极差	差	中	良	优
互动思维（IC1）					
响应能力（IC2）					
价值管理（IC3）					
授权程度（IC4）					
创新理念（IC5）					
创新投入（IC6）					
科研能力（IC7）					
技术应用（IC8）					
学习共享（IC9）					
开放学习（IC10）					
研习制度（IC11）					
学习愿景（IC12）					

续表

二级指标	极差	差	中	良	优
技术支持（IC13）					
推陈机制（IC14）					
员工培训（IC15）					
资源配置（IC16）					

附录3 互联网能力与建筑企业战略转型后竞争优势相关关系的调查问卷

亲爱的受访者：

您好！感谢您在百忙之中抽空参与本次的调查问卷。本次调研的目的在于了解企业互联网能力与企业实施战略转型后获取竞争优势之间的关系，为企业在互联网时代寻求更强的竞争力。我们保证对所有信息进行保密，任何信息不对外公开。恳请各位专家依据企业及自身的实际情况或真实感受，填写对应的题项，衷心感谢您的参与！

一、基本信息 以下题目是关于贵公司基本信息的叙述，请您根据贵公司实际情况，在相应题项的“○”内打钩。
1. 贵公司所属类别 [单选题]
○对象专业化企业，如冶金、电力、化工、铁路、石油等建筑企业 ○建筑制品和构配件生产专业化企业，如混凝土预制厂、金属结构厂、构件预制厂、木材加工厂等 ○辅助、服务生产专业化企业，如建筑材料公司、运输和机修厂、机械租赁公司等 ○施工工艺专业化企业，如装饰装修、水电安装、屋面防水、混凝土、模板等 ○其他建筑类企业
2. 贵公司所有制类型 [单选题]
○国有　○民营　○中外合资　○外商独资　○其他
3. 贵公司成立时间 [单选题]
○ 1 ~ 3 年　○ 3 ~ 5 年　○ 5 ~ 10 年　○ 10 ~ 15 年　○ 15 ~ 20 年　○ 20 年以上
4. 贵公司员工数 [单选题]
○ 20 人及以下　○ 21 ~ 50 人　○ 51 ~ 100 人　○ 101 ~ 300 人　○ 301 ~ 500 人　○ 500 人以上
5. 您在贵公司所属的部门 [单选题]
○信息部门　○运营部门　○项目部　○采购部门　○人力资源部门　○财务部门　○工程部　○其他部门
二、您所在企业的互联网能力 以下题目是关于贵公司互联网能力的描述，其中包括投资方互动能力、迭代创新能力、组织学习能力、资源管理能力四个方面，请您根据贵公司实际情况的符合程度，在相应的题项后进行选择。请在“○”内打钩。

续表

互联网能力题项	非常不符合	不符合	不确定	符合	非常符合
6. 投资方互动能力 [矩阵量表题]					
企业与投资方积极建立联系	○	○	○	○	○
企业积极响应投资方需求	○	○	○	○	○
企业通过互联网对投资方进行价值评估	○	○	○	○	○
企业借助互联网平台对投资方授权	○	○	○	○	○
7. 迭代创新能力 [矩阵量表题]					
企业具有一定的创新理念及意识	○	○	○	○	○
企业在创新过程中进行了资金或人力投入	○	○	○	○	○
企业重视自身的互联网科研能力并进行了科研活动	○	○	○	○	○
企业能够将科研成果进行转化	○	○	○	○	○
8. 组织学习能力 [矩阵量表题]					
企业积极组织共享学习	○	○	○	○	○
企业积极组织进行开放式学习	○	○	○	○	○
企业建立了组织学习的管理制度	○	○	○	○	○
企业明确组织学习的目标	○	○	○	○	○
9. 资源管理能力 [矩阵量表题]					
企业具有进行资源管理的相关互联网技术	○	○	○	○	○
企业及时依据资源管理的保障程度进行制度更新	○	○	○	○	○
企业针对员工积极进行互联网应用培训	○	○	○	○	○
企业具备资源优化管理相应能力，提高资源管理效率	○	○	○	○	○

三、企业互联网战略转型后竞争优势

互联网时代，建筑企业依据互联网科学技术获取市场更强有力的竞争力包括企业的技术优势、成本优势、价值优势、资源优势。请您依据贵公司的实际情况，在相应的题项后进行选择。请在“○”内打钩。

战略转型后竞争优势题项	非常不符合	不符合	不确定	符合	非常符合
10. 成本优势 [矩阵量表题]					
与同行业竞争对手相比，企业依靠创新实现成本管理优化	○	○	○	○	○

续表

与同行业竞争对手相比，企业生产成本控制更优	○	○	○	○	○
与同行业竞争对手相比，企业管理成本的作用更高效	○	○	○	○	○
与同行业竞争对手相比，企业信息成本利用更高效	○	○	○	○	○
11. 技术优势 [矩阵量表题]					
与同行业竞争对手相比，企业具有更快的信息响应速度	○	○	○	○	○
与同行业竞争对手相比，企业具有更高的创新效率	○	○	○	○	○
与同行业竞争对手相比，企业对自身建筑产品及服务品质的要求更高	○	○	○	○	○
与同行业竞争对手相比，企业具有更高效且先进的生产设备	○	○	○	○	○
与同行业竞争对手相比，企业具有更先进的生产工艺及技术	○	○	○	○	○
12. 价值优势 [矩阵量表题]					
与同行业竞争对手相比，企业具有更完整的建筑产品价值链	○	○	○	○	○
与同行业竞争对手相比，企业占有的市场份额更有优势	○	○	○	○	○
与同行业竞争对手相比，企业具有更高的投资回报收益	○	○	○	○	○
与同行业竞争对手相比，企业具有更高的收益	○	○	○	○	○
战略转型后竞争优势题项	非常不符合	不符合	不确定	符合	非常符合
与同行业竞争对手相比，企业在社会具有更高的知名度	○	○	○	○	○
13. 资源优势 [矩阵量表题]					
与同行业竞争对手相比，企业对自身资源的认知更清晰	○	○	○	○	○
与同行业竞争对手相比，企业能够更高效利用资源以突出资源的价值	○	○	○	○	○
与同行业竞争对手相比，企业拥有更稳定的资源	○	○	○	○	○
与同行业竞争对手相比，企业拥有更出色的资源管理能力	○	○	○	○	○

重要术语索引表